长期主义 价值共生

解码中国管理模式2019

中国管理模式50人+论坛 著

机械工业出版社
China Machine Press

图书在版编目（CIP）数据

长期主义　价值共生：解码中国管理模式 2019 / 中国管理模式 50 人 + 论坛著. —北京：机械工业出版社，2020.11

ISBN 978-7-111-66881-7

I. 长⋯　II. 中⋯　III. 企业管理 – 管理模式 – 研究 – 中国　IV. F279.23

中国版本图书馆 CIP 数据核字（2020）第 213765 号

　　新中国成立 70 多年来，中国经济得到全面、协调和可持续的发展，得益于此，一批领先的中国企业在更大的舞台上展开角逐。那究竟何谓领先？企业何以领先？领先企业怎么看待时代的挑战与机遇？领先企业又是如何通过战略转型与经营管理，应对挑战与把握机遇的？中国管理模式 50 人 + 论坛通过对时代问题进行把脉，揭示了领先企业的时代管理主题——长期主义与价值共生，即怀抱永续经营的伟大梦想，在内外部生态圈实行价值共创、共赢与共生。

　　本书通过解读"长期主义　价值共生"的时代管理主题，结合作者实地调研方太集团、新希望集团、安踏体育、中国飞鹤等 10 家企业的管理实践，总结提炼了陈春花和徐少春等 20 位"大咖"的管理洞见，深入探讨企业最高管理层面临的挑战、机遇以及应对之策，希望为广大企业、读者提供丰富翔实的借鉴与参考。

长期主义　价值共生：解码中国管理模式 2019

出版发行：	机械工业出版社（北京市西城区百万庄大街 22 号　邮政编码：100037）			
责任编辑：	宋学文		责任校对：	殷　虹
印　　刷：	北京市荣盛彩色印刷有限公司		版　　次：	2021 年 1 月第 1 版第 1 次印刷
开　　本：	170mm×230mm　1/16		印　　张：	14.25
书　　号：	ISBN 978-7-111-66881-7		定　　价：	79.00 元

客服电话：（010）88361066　88379833　68326294　　投稿热线：（010）88379007
华章网站：www.hzbook.com　　读者信箱：hzjg@hzbook.com

版权所有 · 侵权必究
封底无防伪标均为盗版
本书法律顾问：北京大成律师事务所　韩光 / 邹晓东

编委会

(按照姓氏拼音首字母排序)

曹仰锋　陈春花　胡季强　靳保芳　李　平　李云竹　廖建文
林泽鑫　刘　杰　马旭飞　仇向洋　任　兵　谈义良　谭智佳
魏　炜　谢志华　徐少春　许　诺　乐国林　曾　昊　张　明
钟　皓　朱婧雯　朱武祥

▲
推荐序
|
▽

长期主义与价值共生

陈春花

中国管理模式 50 人 + 论坛创始发起人
北京大学国家发展研究院 BiMBA 商学院院长

2019 年,我们将中国管理模式杰出奖年度主题确定为"长期主义 价值共生"。我个人的研究也是以这个主题作为基础的。

基本假设

2019 年,美国 181 个顶级公司的 CEO 签署了"公司的目的"宣言,宣言中提到,公司最重要的目标不再是股东利益,而是创造更美好的社会。在今天,要想把企业做好,我们遭遇的挑战不仅来自企业内部,还来自企业外部。这些挑战具体表现为企业如何处理自身和各方(社会、客户、员工、供应伙伴、社区、股东等利益相关方)的关系。这是我们今天对企业整体成长认知的一次彻底调整,按照这样的逻辑去看,对于一家企业来说,其基本假设和影响力变得尤其重要。

最早我研究企业文化时发现，文化是非常有意思的东西。我选用沙因的理论进行解释：文化有三个层次，即物质层、支持性价值观和基本的潜意识假设。物质层是我们看得到的东西，比如，我们摸得到康恩贝的产品，感受得到金蝶的服务等一系列被称为"人为饰物"的企业文化表层内容。针对这个表象，怎样制造药品、软件产品，在这个过程中很重要的是价值观，价值观决定了整个企业的战略、经营目标以及哲学观。最后是平时会忽略，但是遇到冲突的时候起支撑作用的基本假设。这个基本假设会让企业确定关注什么，如何做出反应，在不同的情境中采取什么样的行动。我花了7年时间研究数字技术对企业的影响，验证了一个基本假设：企业无法脱离环境的变化而发展。在数字经济时代，企业不得不关心技术。我们不难发现，基本假设决定了企业将如何做出选择。

12年来，在我们遴选中国管理模式杰出奖的过程中，之所以有那么多企业家参与，是因为我们有相同的假设——中国的管理模式一定能为世界贡献中国的方案，所以我们能一直坚持做下去。我们在社会中愿意跟一些人在一起的原因也是这样，比如见到老乡、听到乡音会流泪，因为我们认为同乡之间会有基本的假设。所以，今天的很多波动、动荡，是不同的基本假设组合在一起所产生的。

长期主义作为企业发展的基本假设

在我的整个研究中，2019年度的关键词也是"长期主义"，因为长期主义的经营假设在今天凸显了更重要的作用。德鲁克⊖很早就告诉大家，任何一个企业想做得很好，必须要有一些经营理论，而经营理论的基础构成就是以下三个最重要的假设。

⊖ 德鲁克的系列著作已由机械工业出版社出版。

第一，怎么看待这个环境。就如同今天怎么看待全球化、中美关系、数字技术，怎么看待产业的颠覆、迭代和更新，怎么看待消费人群的改变以及90后、00后陆续成为世界的主流。要了解你和环境之间的关系，就要有一个基本假设。

第二，组织的使命是什么。明确自己的特殊使命，否则就没有办法做经营。

第三，对于完成组织使命所需核心能力的假设。

这是很早之前，德鲁克在迎接知识革命到来的时候，对所有企业的建议——要有经营理论的基础。

从这个角度看，我们会发现很多优秀企业都基本解决了这个问题。哈佛大学的两个教授在研究中发现，文化和长期业绩之间有非常明显的关系。从这个视角研究过去30年中国领先企业的时候，我得到与哈佛大学两位教授一样的结论，两者有非常明确的关系。按照这个概念，可以发现这些领先企业的假设都非常清楚。

苹果的产品为什么一直能打动人？原因在它的假设中。它认为：设计是人类创造物的根本灵魂，通过产品、服务和外在的连续表现来体现。这是它的基本假设，所以它以设计切入，让人产生共鸣。

微软成为世界上市值过万亿美元的公司之一，很重要的原因是，它的假设明确指出：技术是全民化、个性化、具有同理心的，它的使命是予力全球每一人、每一组织，成就不凡。

丰田，一家亚洲的汽车公司，能够在欧美汽车行业中具有强大力量，成为世界第一的汽车生产厂商，也是因为它很明确它的假设是：好产品、好主意、彻底节俭。

三星，当诺基亚或摩托罗拉的移动技术大行其道时，依然能够超过它们成为第一，也源于它清晰地确立了以下概念：质量第一、技术第一和理念第一。

我们再看中国的公司。华为：以客户为中心，以奋斗者为本；把数字世界带给每个人、每个家庭、每个组织，构建万物互联的智能世界。这是它的基本假设。2019年腾讯将企业使命更新为"用户为本，科技向善"。新希望六和的理念是"为耕者谋利，为食者造福"。

能走到世界领先位置的中国企业，共同的特征就是其底层假设具有很强的支撑能力，一定有底层逻辑是埋在实践之下的。当企业具有底层逻辑，且其逻辑符合长期主义时，这一底层逻辑便可以支撑它走向世界。

长期主义的基本假设，要明确三个根本性的逻辑：第一，企业与环境是共生关系；第二，企业有能力去认知世界；第三，企业的使命必须是向善的，且向善的力量能让企业获得真正的能量来源。这也是我们在确定年度主题的时候给大家这个方向的原因。这三个根本性的逻辑，能帮助我们更好地理解长期主义。只有理解我们与环境、与世界的关系，理解我们自己内在的驱动力量，才能实现长期发展。

如何成为长期主义者

如何成为长期主义者？要做到价值共生。我们发现那些优秀的企业在努力地践行价值共生，比如华为实施数字行动计划，花10年时间帮108个国家的30 000名学生提升数字技能。年轻人要想进入世界各领域的领先梯队，就要具备一种能力——数字技能，这是连接应用和技能本身的需要。

虚体经济对实体经济的冲击非常大，7-Eleven这家被称为社区店的零售公司却没有受到虚体经济太大的影响，原因是它创建了命运共同体，与合作方共同应对新挑战：开了约2万家店，自己直营的只有约500家而已。新希望六和已经服务了15万养殖户、2亿用户、20个国家，这是过去的数据，现在还在持续更新。

根据这些领先企业的实践，我认为，成为长期主义者，就需要在价值共生中做出贡献，我们要在以下三件事情上做出努力。

第一，确立共生的战略。数字化时代的战略认知要从"竞争逻辑"转向"共生逻辑"。在工业时代，顾客需求相对有限，而企业需要满足顾客需求，所以企业之间是竞争关系，会有输赢。到了数字化时代，企业不是满足顾客需求，而是创造顾客需求以及实现顾客价值。这时，你会发现企业不是用比较优势来发展，而是必须与更多人合作，创造新空间。此时，企业间不是竞争关系，而是共生关系，不计较输赢，而是致力于生长。

小米是《财富》500强中最年轻的企业，成立9年进入《财富》500强，原因是它能更广泛地连接和共生。金蝶能在数字化转型的浪潮中脱颖而出，离不开坚持共生战略，以及与合作伙伴、客户共同探索、整合、应用新的云技术与数字技术。具体而言，金蝶致力于推动新技术赋能新商业，在助力企业数字化转型的同时，与企业共同成长。

第二，组织进化为共生型组织。我2018年出版的书叫《共生》，2019年出版的书叫《协同》。企业发展最重要的价值实现路径就是做共生型组织，选择这种组织形式的原因在于，单体组织很难创造价值，必须跟更多跨领域的价值网络组合，才可以为顾客创造价值。共生型组织具有四个特点：第一，互为主体性；第二，整体多利性；第三，柔韧灵活性；第四，协同效率性。

打造共生型组织需要有四重境界，首先，要有共生的信仰，要相信每个人都愿意做得更好，商业是一种力量，推动人类的进步。其次，要回到顾客端，为顾客创造价值。长期主义和顾客主义是一种信仰，信仰长期，信仰顾客，可以帮助你在今天不确定的环境中拥有定力，定力即源于你对长期的承诺、对顾客的承诺。再次，通过技术穿透的方式重塑商业模式与管理模式。

最后，通过"无我"的领导方式和其他人共同打造共生型组织。

共生型组织可以让企业获得连接、共享的价值，这种价值让很多行业因为共生型组织变得非常有意义。例如腾讯做医疗，是与医生群体形成共生关系，使医生诊断片子的准确率更高。当它为医生做好辅助诊断时，就是提供了更好的顾客价值。这个案例体现了共生型组织能通过"共生"的方式，提供更好的顾客价值。

再如阿里巴巴的"双11"，一天就实现巨量销售额的原因是什么？就是它愿意与厂家、消费者、物流商和采购供应商进行广泛的共生。当这种共生型组织形成时，巨量销售的奇迹就会出现。

我们在讨论价值共生时，就是在讨论能否做协同，愿不愿意做协同；讨论价值共生时，就是在讨论愿不愿意重新确定边界，愿不愿意建立契约信任，协同价值取向，最终做出有效的协同管理行为。你只有愿意，才做得到。

第三，树立长期主义的价值观。只有长期主义的价值观才能够让我们超越变化。在动荡的时代，企业怎样获得成功？跟踪研究近30年的中国优秀企业，我认识到，只有那些真正超越变化的长期主义者，而不是机会主义者，才能存续下来。只有长期主义，才可以让企业应对动荡的环境。

全球领先的企业，基本假设都是非常明确的。企业理解了基本假设，就会产生内在的定力，正如康恩贝集团的胡季强董事长、中国飞鹤的冷友斌董事长所讨论的内容，企业要有内在定力，内求定力，外连生长，才能不受外部的干扰，依据自身的认知进行判断。

长期主义的基本假设中，最核心的是要回到生活中去。我一直强调，生意是生活的意义，这是我给生意下的定义，我们的生活没有终点，商业才得以永续。所以，商业与人之间的关系最重要的是商业要提供生活方案，而不是仅仅销售商品。理解了这个概念，就理解了技术的概念。技术可以拓展我们的生活空间，让我们更舒适。理解了这个概念，便会发现互联网技术、数字技术让商业更繁荣，市场空间更大，发展的可能性更多。

我很喜欢赠物的概念，我们所赠出去的不是产品，而是爱、惊喜和可靠。当企业能产出或提供让利益相关者感受到爱、惊喜和可靠的产品或服务时，就意味着企业家在明确地经营企业，这就是价值共生的体现。康恩贝集团的胡季强董事长在介绍他的公司能够持续经营 50 年的原因时，我们不难发现，他希望将爱传递给顾客，并真正地为顾客的健康做出承诺。

我不断地研究这些领先企业，它们能成为全球最有影响力的企业，到底是什么原因？大家公认的，是有远见、野心、决心、活力、创新等，而更重要的是：它们真正影响了我们的生活，影响了世界，甚至影响了人类的未来。

所以，我们看企业的时候要有两个维度。第一，任何一家企业，都应该有业务发展的能力，应该有持续创造客户喜欢的产品的能力，也应该有为股东提供最好的回报率的能力。第二，如果一家企业想长期活下去，应该还有如下责任：对世界做出贡献，帮助改善每一个人，长期发展。

我用爱因斯坦的话来结束我的分享："我每天上百次提醒自己，我的精神生活和物质生活都依靠别人的劳动，我必须尽力以同样的分量来报偿我所领受的和至今还在领受的东西。"这也是企业得以长期发展的基本假设。

（本文根据第十二届中国管理模式杰出奖颁奖盛典演讲整理）

推荐序 ||

长期主义的本质

徐少春

中国管理模式 50 人 + 论坛创始发起人

金蝶集团董事会主席

我要向所有中国管理模式事业的见证者、参与者和传播者致敬！向他们致敬的原因是：2008 年，我提出中国管理模式这个概念时，陈春花老师给予了坚定的支持，自此我们就一直努力地推动中国管理模式的发展。虽然在"中国管理模式"提出初期，很多人只认同其中的"管理"两个字，不同意"中国"和"模式"，但是，我们坚信中国管理模式的存在，在坚持奉行"长期主义"哲学的 12 年间，我们感受到中国管理模式越来越强大的力量。

在探索中国管理模式的日子里，我们每年都通过集合专家智慧，共同把脉时代，以年度主题的形式发出对时代的管理追问。围绕年度主题，我们运用实地调研、深度访谈等科学的方法，洞察、解读、总结中国优秀企业的实践案例，以期让时代的管理答案更清晰。2019 年，在陈春花老师的指导下，我们将年度主题定为"长期主义 价值共生"。毫无疑问，这是一个更契合当下中国企业发展的主题，而长期主义体现了主题的核心价值取向。那么，我们应该如何理解"长期主义"呢？

长期主义作为一种哲学

长期主义是一种哲学吗？答案是肯定的。到底什么是哲学？哲学就是透过现象看本质的智慧，它反映了一个人的境界和格局。哲学也是我们中国人常讲的"道"。

学习智者们的哲学或许对我们有所启发，在这里我分享一些我时常学习的哲学。

巴菲特在14岁的时候只拥有5000美元，他的财富大部分是在50岁以后积累的。我引用他的三句话来解释他所奉行的哲学。第一句话："让九个女人同时怀孕，小孩也不可能在一个月内出生。"这里他奉行的投资哲学是"少就是多"，与其在很多行业投资，不如聚焦一个或者几个行业，并且保持耐心。第二句话："如果你没有持有一个公司股票10年的打算，那你连持有10分钟的念头都不能有。"第三句话："投资的关键不在于评估一个行业对社会的影响有多大，或者它会发展到什么程度，而在于确定任何一家公司的竞争优势，而且这种竞争优势能持久。"

亚马逊自创业起，持续十多年都是亏损的。2015年，亚马逊和金蝶签约云计算战略合作的时候，它的股价还不到300美元。而到2019年，它的股价已经涨至1700多美元，达到了2015年的5倍多。亚马逊创始人贝佐斯奉行的哲学是："要成为地球上最以客户为中心的公司。"以客户为中心是每个企业都在讲的，但是企业对此的认知和相信程度有多深？这决定了企业能否为了实现长期发展，把所有的资源全部投入（all-in）到一个企业认为不变的事物上。我也很推崇贝佐斯认为的"客户永远是不满意的，而这种不满意是如此美妙而精彩"的观点，因为当企业发展以长期为导向时，客户利益和股东利益最终一定是一致的。

"能够真正超越变化的，并不是机会主义者，而是把爱、信任与承诺融入，并让生活变得更美好的长期主义者""越是在动荡的时候，越要坚守"，这些是陈春花老师的哲学。越是在不确定的时候，越要保持内心的定力。

下面与各位分享金蝶的哲学。26年来，我们在不断地创新，虽然迷失过，但最后我们找到了那个变化当中的不变。金蝶2001年在香港上市，从早期股价低迷，持续发展到现在，历经19年风雨，股价达到当初的70倍。最近3年间，股价更是翻了4倍。我们渐渐地找到了那个变化当中的不变。所以，我们的哲学就是："企业经营者对成长的渴望，就是我们的奋斗目标""把爱、温暖和阳光带给每一个客户""坚守6×10的克制，拒绝10×6的平庸"⊖ "洞察客户真问题""宁愿丢单，绝不行贿""哪有交付，就是做人"……

长期主义的本质

无论是巴菲特、贝佐斯还是陈春花老师倡导的思想，其实都是一种长期主义的哲学。那么长期主义的本质是什么呢？我想跟大家分享中华圣贤文化的核心思想和精髓，就是心—道—德—事。这四部曲的意思是，从事任何"事业"，你要明白自己的根本在哪里。想要事业成功必须要有"德"，厚德载物。德从"道"这里来，"道"是"德"的根本。"德"代表仁爱、智慧、胸怀和勇气，"道"代表境界、格局，它们是由"内心"呈现出来的。有怎样的心，就有怎样的道和德，就有怎样的事。所以任何人要想成功，都要回到根本，要在心上用功。

⊖ 宁愿让产品只有6个功能，但用户对每个功能的满意度是10分（满分），也不要提供10个功能，但用户对每个功能的满意度只有6分（及格）。

长期主义哲学代表了"道"的层面。它从我们的内心而来，所以长期主义的本质就是初心。很多中国企业家创业的心念是非常高远的，是至纯至净的。我初创业的时候，"金蝶"早期叫爱普，英文是 APT——会计处理技术，谐音就是"爱普"，当时这就是我的初心——把爱普洒人间。我们很多企业家都是这样，比如康恩贝的胡季强董事长和晶澳科技的靳保芳董事长创业 50 年，冷友斌董事长创办中国飞鹤也有 57 年了，我相信企业家在开始创业的那一刻，其初心就是要改变这个世界，改变这个社会，给人类奉献美好。这就是我们的初心。

所以，拥有这份初心，出发就是到达。你就不会为短期诱惑所动，每时每刻保持这样一种心念，目标自然就达成了。初心和良知能够告诉我们，什么是"是"和"非"，所以你就不会为短暂的得失所困扰，因为短暂的得失不重要，重要的是你坚守是非，是非即成败。拥有了这份初心，你就不会为短暂的困难所吓倒，越是不确定和困难的时刻，你就越能够坚守，所谓苦难即辉煌！

《道德经》中有一句话："天长地久。天地所以能长且久者，以其不自生，故能长生。"我相信长期主义信仰者必然成功，我也相信中国管理模式事业必然成功。

12 年来，中国管理模式杰出奖的遴选过程会有很多人怀疑，很多人不相信，但是通过这 12 年的坚持，我们越来越看到了光明。我再次深深地感谢我们各位中国管理模式事业的见证者、参与者和传播者，深深地祝福大家！

（本文根据第十二届中国管理模式杰出奖颁奖盛典演讲整理）

康恩贝的长期主义与价值共生观

胡季强

中国管理模式50人+论坛2019年度轮值企业召集人
康恩贝集团董事长

长期主义，是不忘初心、牢记使命

长期主义就是建立基于初心、使命、愿景的企业哲学和发展战略。

经营企业为了谁？我们为什么出发？只有回答好这些问题，才能和时间成为朋友，才能应对和化解前进道路上的重重困难、危机，让我们在出发时的那一点点星星之火，在长期主义的吹拂下，蔓延成燎原之势。这就是坚持初心和使命所带来的传奇。

初心是使命的本源，使命是初心的升华。商业的本质就是成就客户，让客户的生活乃至生命更加美好，这是康恩贝过去50年所坚守的，也一定是未来50年乃至100年所坚持的。康恩贝一定会怀着这份初心与使命，伴随中华民族伟大复兴的进程，与新时代同频共振，做中国医药产业新商业文明的引领者，让中药这一中华民族瑰宝与时偕行、服务全人类。

价值共生，是不自生方能共生，共生才能长生

当我们真正拥有一颗超越自我利益，全心全意为人民、为用户服务的心时，我们就能拥有合乎大仁大义的商业之道，用这样的一颗心去经营、去竞争、去获利、去做大做强企业，必然利国利民，利于行业，利于员工，企业也必然能基业长青。

几十年的风风雨雨，康恩贝能从一家街道小厂发展成为国内医药行业的骨干企业，是因为我们在总体上保有了对这种价值观的坚持。我们把"诚实守信、依法经营、质量第一、用户至上、保障安全、友好环境、幸福员工、奉献社会"作为企业经营的八大基石，以客户为中心，让企业成为成就客户、成就员工的平台，成为报效国家和民族的载体，这是我们所坚守的价值共生。相信，康恩贝一定会成为一家为客户、为社会创造更多实质性贡献的公司，一家引领中国医药新商业文明的卓越企业。

坚守长期主义与价值共生

孔子有言："无欲速，无见小利。欲速则不达，见小利则大事不成。"贪名贪利、机会主义、投机取巧是企业短命的根本原因。长期主义就是建立基于初心、使命、愿景的企业哲学和发展战略，一心一意一辈子甚至几代人干好一件事！康恩贝之所以成为万分之一的幸存者，是因为我们50年来，基本上做到了心无旁骛、专心致志做一件事。

价值共生包括：企业与消费者共生，价值共创、共生、共享；企业与员工共生，企业共建、价值共创、成果共享；企业与合作伙伴共生，价值共创、共生、共享；企业与竞争对手共生，共同为行业创造良好生态；企业与股东共生，共同创造持续增长的价值；企业与环境和谐共生。

孔子说:"放于利而行,多怨。"老子有言:"既以为人,己愈有,既以与人,己愈多。"在现代商业社会中,唯有价值共创、价值共生、价值共享,企业方能共生、长生。

我们要重新定义企业:企业是股东、员工、顾客、合作伙伴、环境乃至竞争对手的价值共生体、命运共同体。我们要重新定义利润:利于他人,润泽自己。

当今的世界,正处在一个百年未有之变局中,无论个人还是组织,都要面临更多的不确定性。面对巨大的不确定性,我们唯一能做的就是向内求得力量,向外获得共生。向内求,求得的,是使命与初心的力量;向外寻,寻找的,是利他共生的能量。康恩贝将一如既往,守初心、担使命,让客户健康有方,让员工幸福有道,为中国企业、中国管理模式的崛起,为中华民族的伟大复兴做出自己的新贡献!

(本文根据第十二届中国管理模式杰出奖颁奖盛典演讲整理)

中国企业 40 年回顾与展望

仇向洋

中国管理模式 50 人 + 论坛 2019 年度轮值主席
东南大学经济管理学院教授

中国改革开放的 40 年，也是中国企业蓬勃发展的 40 年。我希望用 5 句话总结中国 40 年的成功经验以及未来展望：用价格配置资源，用产权激励投资，用管理提高效益，用设计引领创新，用智慧赢得未来。

用价格配置资源

十一届三中全会后，中国开始以经济建设为中心，实行改革开放。首先要解决的是 10 多亿人口的温饱问题。如何解决呢，是用计划经济方式，还是用市场经济方式？

中国经济改革是以价格机制为突破口的，开始是商品价格的双轨制，后来是全面放开。改革开放 40 年的实践，使我们更加清晰地认识到自由市场价格在资源配置中的作用和重要性，也使我们更加深切地感受到使得 14 亿人从温饱到小康的这种经济手段的有效性。深化改革,支持民营企业发展,要继续完善价格机制,尤其是生产要素的价格机制。

用产权激励投资

中国在产权制度上的改革是成功的。按劳分配是"分粮",是事后激励;产权制度是"分地",是事前激励。改革开放40年,在资源资产化、资产资本化的过程中,明晰产权并用法律保护,这是一项基础性的制度改革。产权激励是最大的激励。

经济增长需要资本投入和积累,资本从哪里来?资本从某种意义上讲并不是钱的问题,而是与产权有关的法律制度。经济增长没有投资不行,投资没有回报不行,回报没有法律保障不行。只有在明晰产权(权证化)的基础上对投资的预期收益给予法律保护,才能吸引到投资。现在我们讲创新驱动时,知识产权保护是关键;讲国企混改时,对管理层的股权激励是关键;讲吸引民企投资时,预期收益是关键。

用管理提高效益

当前中国改革开放进入了攻坚阶段,提出了以供给侧结构性改革为主线,明确了去产能、去库存、去杠杆、降成本、补短板五大任务。

完成这些任务的重点是加强管理。德鲁克早在20世纪60年代就提出"为成果而管理"的思想,管理不仅仅是追求效率——正确地做事,更重要的是追求效果——做正确的事情。效率只是单位时间的产出,即效率 = 产出 ÷ 时间;而效果是要在正确的时间,以正确的方式做正确的事情。

管理的首要任务是设定组织机构的使命和特定目标,市场能办的,应多放给企业办;社会可以做好的,就交给非营利机构做;政府要管住、管好它应该管的事。同时，要避免一刀切，否则欲速不达。中国改革开放的下一步要把重点放在管理上，包括宏观、中观、微观管理。

用设计引领创新

未来经济和企业如何发展？我认为，要把创新作为经济持续发展的原动力，把创新作为企业利润增长的来源，以此实现新旧动能的转换和产业的转型升级。这就对创新的主体——企业和企业家，提出了更高的要求。

企业和企业家如何创新呢？在众多创新理论和方法中，有一种观点和方法值得关注和实践，就是"用设计引领创新"，这里讲的设计是广义的设计。设计从字面上理解是"设想"和"计划"，任何创新首先要有想象力，其次需要用计划推动实施。

我国现阶段实施创新驱动战略，比较现实的做法，是提高企业设计能力和培养企业家的创新设计思维。尤其是国内大部分企业，在自主设计和技术创新方面能力不足，拥有的自主设计和自主创新产品不多。要走出困境，就要强调创新设计，着力提升企业的设计能力，用设计引领创新。

用智慧赢得未来

从国内经济看，我国正处在增长速度换挡期、结构调整阵痛期和前期刺激政策消化期的"三期叠加"阶段，既要化解多年积累的深层次的矛盾，也要完成从投资拉动到创新驱动的新旧动能的转换，还要构建现代化的经济体系，以实现经济平稳健康可持续发展。

还有，更大的挑战是移动互联网、大数据、云计算、物联网、人工智能等高新技术的出现，它们的出现逐步形成了数据驱动、人机协同、跨界融合、共创分享的智能经济形态，这对传统的商业模式、投资行为和盈利方式等构成了"毁灭性的创新"。

过去最重要的资产是土地、机器和劳动力,未来最重要的资产是数据。据专家预测,30 年内,将有超过 50% 的工作被人工智能取代。这就迫使企业转型升级,把握住数字化、网络化、智能化融合发展所带来的机会,用智慧赢得未来。

如何"用智慧赢得未来"?我认为把"技术、管理和心智"三方面融合起来,形成中国人的智慧和管理模式,就是"用智慧赢得未来"的重要内容,也是我们中国管理模式 50 人 + 论坛"讲好中国的故事"可以做的贡献。

目 录

推荐序 I　**长期主义与价值共生**　/ 陈春花
中国管理模式 50 人 + 论坛创始发起人
北京大学国家发展研究院 BiMBA 商学院院长

推荐序 II　**长期主义的本质**　/ 徐少春
中国管理模式 50 人 + 论坛创始发起人
金蝶集团董事会主席

推荐序 III　**康恩贝的长期主义与价值共生观**　/ 胡季强
中国管理模式 50 人 + 论坛 2019 年度轮值企业召集人
康恩贝集团董事长

推荐序 IV　**中国企业 40 年回顾与展望**　/ 仇向洋
中国管理模式 50 人 + 论坛 2019 年度轮值主席
东南大学经济管理学院教授

总论

长期主义　价值共生：2019 中国管理模式 50 人 + 洞察报告　/ 1
◎马旭飞 / 中国管理模式 50 人 + 论坛联席秘书长 / 香港城市大学管理学教授

巨变时代，"柔韧"胜"刚强"　/ 7
◎曹仰锋 / 中国管理模式 50 人 + 论坛 2020 年度轮值主席 / 香港创业创新研究院院长 / 颐元书院创始人

中国管理模式助力中国企业成长　/ 12
◎靳保芳 / 中国管理模式 50 人 + 论坛 2020 年度轮值企业召集人 / 晶澳科技董事长

践悟长期主义，聚焦价值共生　/ 15
◎谈义良 / 九如城养老产业集团董事长

突破认知：挑战增长的极限　/ 19
◎廖建文 / 京东集团首席战略官

长期主义是目的，价值共生是手段　/ 27
◎刘杰 / 复旦大学管理学院教授

第一章　方太模式与未来展望　/ 29

专家解读　方太为什么独特　/ 29
宏伟理想与"慢生长"之道　/ 30

◎ 任兵　南开大学商学院教授
◎ 于敬如、张海源、王泽宇　南开大学商学院

第二章　新希望模式与未来展望　/ 45

专家解读　新希望的创新与发展　/ 45
逃脱大企业病的诅咒，实现持续创新发展　/ 46

◎ 朱武祥　清华大学经济管理学院教授
◎ 谭智佳　清华大学经济管理学院博士生

第三章　晶澳模式与未来展望 / 65

专家解读　晶澳的长期主义与价值共生 / 65
质朴成大器：晶澳的 A+ 战略成长模式 / 66

◎ 乐国林　青岛理工大学教授

第四章　飞鹤模式与未来展望 / 81

专家解读　飞鹤的价值观与经营理念 / 81
在"长期主义 + 价值共生"的坚守中凤凰涅槃 / 82

◎ 朱武祥　清华大学经济管理学院教授
◎ 朱婧雯　清华大学经济管理学院博士生

第五章　长城物业模式与未来展望 / 97

专家解读　长城物业与价值共生 / 97
长城物业：成人达己，价值共生 / 98

◎ 魏炜　北京大学汇丰商学院教授

第六章　安踏模式与未来展望 / 113

专家解读　安踏的价值零售 / 113
安踏之道与价值零售 / 114

◎ 马旭飞　中国管理模式 50 人 + 论坛联席秘书长、香港城市大学管理学教授
◎ 林泽鑫　马来西亚大学博士生

第七章　德龙模式与未来展望 / 129

专家解读　德龙钢铁的价值共生模式 / 129

德龙钢铁的绿色价值共生 / 130

◎ 谢志华　北京工商大学教授、博导
◎ 许诺　中央财经大学博士、中国商业经济学会商业信用委员会专家委员会委员、浙江财经大学讲师

第八章　均胜模式与未来展望　/ 141

专家解读　"均胜模式"的五大基因　/ 141
均胜转型：全球并购加速追赶与超越　/ 142

◎ 李平（Peter Ping Li）　宁波诺丁汉大学商学院李达三首席教授、美国创新领导力研究中心大中华区研究总监
◎ 杨政银　宁波诺丁汉大学商学院博士

第九章　大宋官窑模式与未来展望　/ 167

专家解读　匠心品质与匠人精神　/ 167
"创新引领传承"：大宋官窑的共生价值型成长　/ 168

◎ 乐国林　青岛理工大学教授

第十章　金发科技模式与未来展望　/ 183

专家解读　金发科技的长期主义与价值共生　/ 183
金发科技：与合作伙伴共同成长、共享成果　/ 184

◎ 马旭飞　中国管理模式50人+论坛联席秘书长、香港城市大学管理学教授
◎ 张明　华南理工大学工商管理学院博士生

中国管理模式杰出奖　/ 197

中国管理模式50人+论坛　/ 198

致谢　/ 199

总 论

长期主义 价值共生
2019 中国管理模式 50 人 + 洞察报告

◎马旭飞 ／ 中国管理模式 50 人 + 论坛联席秘书长 ／ 香港城市大学管理学教授

2019 年度中国管理模式杰出奖评选活动的主题为"长期主义 价值共生"。在调研中,企业家们一致认为这个主题接地气、应情景,更富前瞻性。它不仅能反映出领先企业的成功之道,还指明了未来企业的发展之道。虽然领先企业在中国不断涌现,但与中国数以千万计的企业数量相比仍屈指可数。那究竟何为领先?企业何以领先?我们认为原因之一便是长期主义与价值共生。没有永续经营的伟大梦想,企业将无法持续前行;没有内外部生态圈的价值共创,企业将无法共赢共生。总之,"长期主义 价值共生"的主题深刻反映了可持续的商业生态系统,即"长期主义"代表可持续性,"价值共生"代表商业生态系统,而支撑商业生态系统持续演化的核心机制正是"竞合"(也就是竞争与合作的阴阳平衡)。

领先企业践行"长期主义 价值共生"的时空维度解读

我们可以从"长期主义"的时间维度和"价值共生"的空间维度去理解领先企业的成立、成长、成熟、强大以及转型。

长期主义的时间维度：在巨变的商业时代，追逐短期利益、奉行机会主义的企业虽然有可能发展业务和保持现金流，但容易在各种赛道中举棋不定，难以沉淀出企业的核心资源和能力。坚持长期主义的企业能够不计较一城一池的得失，将获利的眼光放得更高、更远，追求长期发展价值。

价值共生的空间维度：在当下社会，个体很难独立存在，企业也无法独善其身，要想获得长远的发展，价值共生是一条高效的途径。这意味着需要形成以焦点企业为核心的生态系统，不仅包含顾客焦点企业上下游伙伴，也包含与其平行的、资源和业务互补甚至还在一定程度上互相竞争的企业，这样就拥有了解决问题的无限可能性。

我们认为，长期主义和价值共生的理念应该为更多的中国企业所学习和实践，而不应该只是领先企业的"独门秘籍"。诚然，这套"独门秘籍"并没有那么容易学和容易练，因为它的招式和练法多种多样，正如2019年度精心挑选的这10家企业所示：它们来自不同的行业、不同的地区，处在不同的发展阶段，采用不同的企业发展战略，具有不同的企业文化和企业历史，而这种多样性同样发生在中国数以千万计的企业身上。

本年度调研企业的特色与亮点

经过调研，我们总结出这10家企业与2019年度调研主题相契合的若干亮点，或者说是与众不同的特色，从而形成我们的"洞见"。它们的长期主义和价值共生实践有着深刻的动态内涵，关乎企业在明确使命、愿景、价值观的基础上探索如何做的过程。长期主义不是在字面上坚守初心和本行，而是在某领域不断深入研究和加强专业化，在所选择的方向上不断创新，形成差异化的竞争优势。价值共生也不是简单地提出合作共赢的口号，而是将如何合作、共赢的思考，尤其是竞合作为商业生态系统的核心机制，贯穿于企业的战略、组织、人才以及运营等各个领域。诸多实践值得广泛学习和思考，详细内涵将在本书后面的内容中展示。

方太："中学明道，西学优术，中西合璧，以道御术。"方太以凝心聚力、攻坚克难和守正出奇，已经成为"中国高端厨电领导品牌"，在"为了亿万家庭的幸福"宏大愿景的指引下更加卓越。方太构建的"中国特色的企业文化"，是企业转型升级的不竭动力，助推方太从家族企业迈向现代企业，从现代企业迈向伟大企业。公司创始人通过思考、实践不断地探索方太文化的落地，让顾客、员工、合作伙伴形成其乐融融的和谐大家庭。

新希望：全方位激活组织，逃脱大企业病的诅咒，以实现永续经营。在对农业和食品的坚守、对持续提升企业运营能力的坚守、对"快半步"理念的坚守和对企业家精神的坚守这"四个坚守"的基础之上，尽可能地借助转型和建立合伙人机制来盘活企业，不仅强化了主业，还能够培育辅业，从而实现了全产业链的扩展和升级。新希望通过几十年对赛道坚持不动摇和组织模式创新，探索着长期主义和价值共生。

晶澳：守正出新，开发太阳能，造福全人类。晶澳 A+ 战略成长具有四大利器：真诚、质朴、感恩的包容性文化让晶澳更具生长性；追求卓越的领航战略塑造晶澳的战略定力；创新驱动塑造了晶澳的 A+ 能力；A+ 管理让晶澳具有良好的战略执行力。这四大利器正是晶澳在价值创造和价值共享中对长期主义的坚守。在管理模式上，晶澳通过文化依托，生态赋能，为守正出新创造土壤。

飞鹤：始终坚持品质第一，为消费者提供高质量产品。飞鹤的经营逻辑是：通过高品质追求，保证供应商利润，也助推供应商不断提高标准，使得双方实现共赢；通过高品质追求，迎合消费者的高质量需求，为消费者创造更高的价值。坚持品质第一，不挤压上下游利润，实行价值共生，与上下游共同成长、创造价值，让消费者愿意为更好的产品买单，从而推动了飞鹤的可持续发展。

长城物业：主观利他、顺带利己，在长期主义中实现价值共生。长城物业的企业战略是保持"诚意链接＋满意服务"的核心大方向不变，致力于建立不可替代性、从固守边界到伙伴开放、杜绝短视行为、坚持长期主义。在这一过程中，长城物业定位竞争优势、确定商业模式、选择正确战略以及进行有效管理，力求实现"让社区变得更美好"的企业使命。

安踏：紧跟时代发展步伐，洞悉消费者价值需求，不断调整企业发展重心，不断迭代，从注重产品质量，到打造知名品牌，再到紧扣新零售，最后拥抱新技术。如今，安踏仍未止步，正在进入"创业新十年"，力求发现和创造更多的机会与价值。安踏历经近30年的探索和磨炼，坚持"以消费者为导向，以市场地位为目标，以贡献者为榜样，以创新为生存之本"，走出了价值零售的"安踏之道"。

德龙钢铁：深耕主业持续发展，自主创新激发活力。德龙钢铁以绿色稳定增长、以创新带动活力、以精益深化管理、以数字推动绩效、以文化凝心聚力，实现了企业与环境、企业与社会、企业与企业、企业与员工、企业与顾客间的合一。聚焦本业提供持续发展之本，绿色环保提供持续发展之基，数字精益提供持续发展之径，创新文化提供持续发展之翼。德龙钢铁的实践打破了环境与利润不可兼得的状况，实现了环保与价值的双赢。

均胜：全球化视野，国际化运营，一家没有"中国颜色"的中国跨国企业。均胜开始于Win-win这个英文名字，整合全球优质资源为我所用，创造优质产品服务世界。均胜电子一直保持年营业收入额7%～8%的研发投入，为企业在汽车安全、智能驾驶、新能源这三个对人类发展至关重要的领域上的持续发展提供了动力。对创新的异常重视和持续投入是均胜进行全球资源整合与价值创造的基础。

大宋官窑：传承皇家制瓷技艺，创新现代治理机制，使文化传承和商业盈利实现完美平衡。大宋官窑公司致力于以中华民族最经典的文化使者身份，用钧瓷的道场，以团队价值导向塑造组织能力，通过文化与利益的价值分享共创钧瓷价值文化，同时用创新让传承更具价值，以技术的高能投入、网络的数字赋能和开窑的互动体验让钧瓷向世界"说话"，从而实现钧瓷、公司和用户的价值共生与文化长生。

金发科技：在改性塑料领域精耕细作二十六载，如今已是亚太第一、世界第二的新材料高科技企业。金发在创业初期便提出"发展自己的民族改性塑料产业"和"创世界品牌、建百年金发"的宏大愿景。坚持"与合作伙伴共同成长、共享成果，为社会提供优质的新材料产品，创造美好生活"的使命和"以价值创造者为本"的价值观，追求与员工、客户和社会共同成长、互利共赢，依托制度而非人治实现永续经营。

长期主义和价值共生的展望

通过对这些企业的调研，我们看到长期主义与价值共生是领先企业战略实践的一体两面：只有秉承长期主义，即顾客至上，让整个商业生态系统有最大的价值创造，企业才能确保行走在可持续发展的道路上；而通过价值共生，创新企业之间的新合作机制、商业生态的可持续发展才能实现。同时，我们发现，上述10家企业的招式虽然多种多样，但是都有着鲜明的共同点：一是清晰定位，特别是长期方向清晰；二是持续创新，这些特征均深深扎根于竞合这一商业生态系统的核心机制。这些是伴随企业确立长期主义和价值共生战略的重要策略选择。

正是坚持长期主义和价值共生，企业才会更加明确自己在社会生态和组织生态中的定位；而长期方向清晰有助于企业有的放矢地持续创新，而持续创新会让长期主义和价值共生的战略坚守有希望，能落地。我们由此大胆展望，当长期主义和价值共生成为更多中国企业家们的共识，成为更多中国企业的实践，由此逐渐积累形成的更多跨行业、跨地区、跨年代的案例和数据，将为世界管理文明贡献中国智慧、中国方案。

巨变时代,"柔韧"胜"刚强"

◎曹仰锋 / 中国管理模式50人+论坛2020年度轮值主席 / 香港创业创新研究院院长 / 颐元书院创始人

在《射雕英雄传》这部小说中,丐帮帮主洪七公教郭靖练习"降龙十八掌"。洪七公传授郭靖的第一招是"亢龙有悔",因为这一招是"降龙十八掌"的根本。洪七公告诉郭靖,这一掌法的精要不在"亢"字而在"悔"字。"亢"是极威猛、极神气、极高极强的意思,但要谨记"亢龙有悔,盈不可久"。"一条神龙飞得老高,张牙舞爪,厉害之极,可是就在这时,它的威势已到了顶点。此后就只有退,不能进了。这个悔字,是要知道'刚强之后,必有衰弱'。因此有发必有收。打出去的力道有十分,留住自身的力道却还有二十分……武功最难的地方是既以强力出击,又仍然留有余力。不过,倘若一味留力,没有力道发出去,那也不行……天下什么事情,凡是到了极顶,接下去便是衰退。还没到顶,便预留退步,这才是有胜无败的武功。"[一]

通过洪七公对郭靖说的这段话,金庸不仅解读了有胜无败武功的奥妙,也阐释了一个深刻的道理:做人做事,都须留有余地才好。这就好比一艘正在航行的大船,当顺风顺水之时,扯足了顺风帆向前飞驶,但很容易触礁翻船,这正是"刚过必折"的道理。

[一] 金庸著,《射雕英雄传》(第十二回"亢龙有悔"),广州出版社,2016年。

企业就好比一艘行驶在大海里的帆船，不可能每一天都是"顺风顺水"，更不能够要求每一天都全速前进，在波诡云谲的商海中遭遇惊涛骇浪也是常有的事情，要在好天气的时候为坏天气的到来做些准备。时下，企业正在遭遇百年不遇的大危机，2020年，将是全球经济高度动荡的一年，一个巨变且充满高度不确定性的时代也许从2020年拉开了序幕。在2020年新年元旦过后100多天的时间里，我们见证了多次令人惊心动魄的"历史性事件"。4月20日，被誉为"黑金"的原油竟然进入了"负油价时代"。当时，即将到期的5月美国轻质原油期货有史以来首次跌为负值，结算价为每桶-37.63美元。新冠肺炎疫情在全球大流行不仅让人们的健康面临巨大威胁，也把全球经济推向深度衰退的边缘。不仅美国资本市场，亚太、欧洲各个国家和地区的资本市场也都受到了严重冲击。3月25日，世贸组织总干事阿泽维多表示，由新冠肺炎疫情导致的经济衰退及失业现象将会比2008年的全球金融危机更加严重，全球贸易将严重下滑，他呼吁全球各个国家应该团结起来，保持贸易开放和投资流动，没有任何一个国家可以自给自足，这次全球性大挑战需要各个国家共同应对。

巨变时代，"柔韧"胜"刚强"。

为了应对巨大危机的挑战，企业应当将提高组织韧性上升为战略任务。在《组织韧性：如何穿越危机持续增长？》一书中，我将"组织韧性"（organizational resilience）定义为企业在危机中重构组织资源、流程和关系，从危机中快速复原，并利用危机实现逆势增长的能力。"韧性"是与"脆性"相对而言的，显然，一个企业的"组织韧性"越强，越有助于企业从危机中快速复原并获得持续增长。反之，如果一个企业的组织能力"越脆弱"，就会在危机中越陷越深，最终被危机吞噬。

根据"组织韧性"的强弱程度，我将企业分为四类：脆弱性企业、低韧性企业、中韧性企业和高韧性企业（high resilient enterprise，HRE）。对一家"脆弱性企业"而言，危机带来的只是灾难，"脆弱性企业"在危机面前不堪一击；"低韧性企业"可以抵御小型危机带来的冲击和压力；"中韧性企业"可以在大多数的危机中快速复原，走出困境；而只有"高韧性企业"才能够穿越多次生存危机，不仅能够在危机中快速复原，走出困境，还能够利用每一次危机带来的成长机会，在逆境中实现持续增长。显然，高韧性企业在多年的成长中遭遇了不同的危机，并成功地从危机中复原，获得了持续增长。

当然，塑造组织韧性、积累韧性能力不是一蹴而就的事情，需要坚持"长期主义"，需要企业有长期的战略设计、周密的计划以及切实可行的措施。"韧性"这种能力只有长期投资才能逐步积累和沉淀下来，才能够形成公司抵御危机的核心力量。脆弱性企业也许可以凭借运气在危机时找到一些有效的抵御措施，侥幸渡过难关，但并不是每一次危机都会有好运气光临。这就像一个人在寒冷的冬天里没有过冬的棉衣一样，当大多数的人都缺乏棉衣时，从别人那里借来棉衣几乎不太可能，有时只能凭借运气看看是否会遇到"好心人"。对无法抵御严寒的人来说，冬天到春天的距离其实很遥远，熬不过冬天就无缘春天。只有挨过冻的人才能体会到棉衣的温暖和珍贵，只有身处危机漩涡之中的人才能体验到危机带来的痛苦和灾难。危机，对大多数人或者企业，尤其是对那些从来没有为危机做过准备的人或企业而言，是"危"而不是"机"，是万劫不复的灾难，而不是千载难逢的机会。

高韧性企业以"有备无患"为经营原则，在危机到来之前做好准备，在夏天的时候准备过冬的棉衣。危机和冬天有一点不同，危机几乎不可预知，我们不知道它何时突然降临，但人人都知道秋天之后必是冬天。危机给人们造成恐慌的原因在于它的不确定性、不可预知性，有时它来得太突然，一个看起来很偶然、很微小的事件就有可能酿成一场巨大的危机。但危机和冬天也有相似之处，它总会踏着自己的时间节拍不期而至。从那些具有数十年，甚至上百年发展历史的企业来看，活得越久，经历的危机越多，也正是在危机的一次次锤炼之中，高韧性企业从衰落走向繁荣，从平庸走向卓越。

塑造组织韧性还需要坚守"价值共生"的原则。我将管理学过去100多年的发展历史划分成了四次管理革命：第一次管理革命（1901年～1940年）、第二次管理革命（1941年～1970年）、第三次管理革命（1971年～2000年）和第四次管理革命（2001年至今）。在这四次管理革命的历史进程中，管理的核心主题从"效率第一"升级为"价值第一"，"价值共生"是第四次管理革命的主旋律。"一切以创造价值为依归"成为企业在第四次管理革命的首要原则，而践行这一原则需要将顾客、员工视为企业的两条生命线。正如彼得·德鲁克所言，企业的首要利益关系者是顾客。如果没有能够让顾客满意，那么，其他任何事情都免谈。

无论我们对未来多么乐观和期待，我认为未来的几十年注定是一个全球化经济高度动荡和发展具有高度不确定性的时代。在不确定的环境中，企业如何制定战略？如何塑造组织韧性？如何持续创造价值？管理没有终极的答案，只有永恒的追问。这些问题，需要每一个管理者深思并结合企业自身的实际情况找到切实可行的解决方案。

在危机中洞察未来的战略是每一个领导者的核心能力，我将战略定义为"感知、连接并实现未来的能力"，这个定义包含了"感知、连接和实现"三个要素，核心为"未来"，基础是"感知"，也即"觉察"。尽管感知未来非常难，我们却必须努力提高感知能力，正是感知能力的高低把卓越的领导者和平庸的领导者区别开来。"深度思考"有助于提高感知能力，当我们面对不确定的发展环境时，迷茫并不可怕，可怕的是我们在迷茫中丧失了思考的能力。倘若不能对企业的战略和组织模式进行深入思考，"迷思"就变成了"迷失",企业就丧失了方向感和动力源。

面对危机的挑战,我深深地体悟到:过刚必折,过强必弱。卓越的企业不痴迷于百米冲刺,它们擅长百年长跑。正如洪七公对郭靖所言,武功最难的地方在于既以强力出击,又要保留余力。企业成长最难的地方在于,既要保持快速地成长,又要保持抵御危机的柔韧性。

中国管理模式助力中国企业成长

◎靳保芳 / 中国管理模式50人+论坛2020年度轮值企业召集人 / 晶澳科技董事长

越来越多的企业家在管理模式上不断创造出新的实践成果，我内心非常欣喜，也感到很自豪，这正是我们所期望看到的。

过去40年，得益于改革开放的历史机遇，一批批中国企业迅速崛起，越来越多的企业走向了世界，我也是其中的受益者。但是随着企业不断壮大，外部环境也发生了巨大的变化，如何保持企业的可持续发展，成为摆在我们面前的重要课题。很多中小企业的平均寿命只有两三年，《财富》500强企业如果不能敏锐地洞察趋势并与时俱进，那么经营失败甚至破产的案例也屡见不鲜。我们探讨中国管理模式，是希望助力中国企业持续成长，基业长青。

文化是企业能实现基业长青的最重要的基因之一。让一家百年老店持续传承的一定是文化，一项伟大的事业背后肯定有着强大的文化做支撑，因为只有文化才是生生不息的。纵观国内外世界级大企业，一个非常鲜明的特点就是拥有深厚的企业文化，并持续坚守。企业文化蕴含着企业的价值观、使命、战略等，是管理模式的重要根基。"长期主义　价值共生"不是简单的战略战术，而是要融入我们的企业文化中。"长期主义"就是企业家的初心使命，有怎样的初心使命，就会有怎样的格局和境界，就能成就怎样的事业。立足全球的知名大企业都拥有远大的使命，使命高远，永葆初心，才能激发出强大的力量。特别是面临动荡的外部环境和经济增长的不确定性时，企业家如果没有坚定的信念，没有崇高的追求，再好的管理模式也无济于事。

我已经68岁了，但依然精神饱满，因为我还有一个伟大的使命——带领晶澳开发太阳能，造福全人类，让晶澳成为一家伟大的企业。我曾看到一篇文章，说使命就是最大的抗衰老药物，对此我深有同感。"价值共生"是这个时代的主旋律，环境在变化，客户需求也在变化，真正不变的是服务客户的那颗心，与客户共生共赢是企业应有的价值追求。我们不仅仅要为客户提供价值，满足客户需求，更要帮助客户创造价值，实现价值。以光伏行业为例，之前是企业生产光伏组件，销售给客户，但是现在很多客户需要的是光伏发电解决方案，包括设计、工程、电站运维服务等，企业必须主动适应这种变化，帮助客户获得最大收益。在共生的时代，我们的管理模式、企业文化必须以客户为中心，把客户当作企业发展的生命线，与客户共生共存，才能在不断变化的客户价值中获得持续成长的动力，这才是企业基业长青的真正蓝海。

对中国企业而言，中国管理模式的根基、企业文化之魂就是中华优秀传统文化。中华文化博大精深，奥妙无穷，是我们宝贵的财富。许多中国企业，包括华为、阿里巴巴的企业文化都根植于优秀的传统文化，我们的企业家队伍也带头从传统文化中汲取能量，把文化的软实力转化为战略硬实力。把中华优秀传统文化融入中国管理模式之中，能形成别人无法复制的核心竞争力。

中国管理模式是一个大课题，需要我们不断去探索、去实践、去创新，我们将自愿承担这样的责任和使命，与更多的优秀企业家深入交流并梳理提炼优秀的管理案例，推动管理进步。关于管理模式，我和大家一样都是学习者、探索者，也是实践者。我也愿意拿出更多时间和精力，与更多企业家、专家学者交流学习，为中国管理模式的进步贡献自己的绵薄之力。

（本文根据第十二届中国管理模式杰出奖颁奖盛典演讲整理）

践悟长期主义，聚焦价值共生

◎谈义良 / 九如城养老产业集团董事长

长期主义

长期主义是企业发展之道、成功之本。自古成大事者，必将拥有鸿鹄之志和广阔格局。成就百年基业亦如此，需要相应的长远战略体系来支撑新发展模式的实现。

站得更高，才能看得更远。高瞻远瞩对于企业的未来有着决定性的作用。有了长远、前瞻、全面的目光，才能谋划企业更宏伟的发展蓝图，才能行至千里，立于市场不败之地。

养老产业目前仍然是具有挑战性的事业，需要持之以恒的耐力。整个过程就是用强大的意志磨炼自己的过程，迈开步子向前的每一步都来自内心的驱使。做企业也一样，我们之所以能够坚守初心，实施长远战略，得益于内在驱动力。

我们要想不断创造新的价值，打赢持久战，就必须时刻保持高涨的信心，不断培养、灌溉、学习，不断内求力量，由内而外给出新的定力，怀有历史崇高感。我们要有打持久战的信心，坚信心生万法，心的力量是无穷大的，当我们心中装着无限民众，就会产生无限动能，就能持续保持企业的稳定向好发展；我们要有打持久战的能力，在市场竞争激烈的情况下，机遇与挑战并存，要学会准确判别市场，持续投资，创造价值，获得竞争优势；我们要有打持久战的团队，一个人可以走得更快，一群人才能走得更远，团队保证了企业的可持续发展。随着我们团队不断扩大，布局不断扩大，这里就会真正形成一个阳光能量场，普照亿万长者及家庭。

养老产业发展任重而道远，九如城始终紧跟行业发展步伐，在时代潮流中顺大势、谋大局、规划长远，脚踏实地，稳步推进。"凡事预则立，不预则废"，没有事先的计划和准备就不能获得最终的胜利。长计划中有中计划，中计划中有小计划，每一步都明确目标，严谨有序。制订了长远计划后必须分步执行，才能持续不断地做下去。将大目标分解成各种中目标，再分解成多个小目标，只有将目标尽可能清晰、可量化，工作才能做到有条不紊。在计划实施中，要给团队明确的目标和实施路径，要让员工清楚知道事情应该怎么做，工作才能高效快捷。在阶段性目标实现后，还要及时进行回顾、复盘和总结，确保整个计划体系的稳定、协调和连续性。

对于一个远大的目标，只有不懈地追求，才能使它成为壮举，也只有秉持长期主义，才能穿透企业经营的雾霾，看清商业本质。九如城始终保持公众透明度，适时向团队、向行业、向社会公布九如城"三年计划""九年之功"，将三个"三年计划"定为中目标，三个"九年计划"组成大目标，每个年度都细化部署，争取持续超越。

对于当下养老行业而言，坚持长期主义，必然会打造更高质量、更多元化的养老服务，也将有利于中国养老产业发展的和谐共生。

价值共生

在当下知识经济快速发展的时代，仅靠自身资源能力，企业是无法实现更高层次战略目标的。一个价值共生的时代已经来临，我们既要在内部价值链中挖掘潜力，也要着眼于从企业外部寻求提高价值创造的源泉。

中国具有最厚重的价值共生思想文化背景。习近平主席在第二届"一带一路"国际合作高峰论坛上引用一句古文，"万物得其本者生，百事得其道者成"。万物只要保住根本就能生长，百事只要符合道义就能成功。中国传统文化的共生思想主流就是重视仁爱，返璞归真，充分肯定内在的共生。儒家的"和为贵""天下大同"理想，墨家的"兼相爱，交相利"主张，都蕴含着深刻的古代共生思想。

价值共生的深刻本质在于共同适应和发展，要用同一维度看问题，同一坐标去度量，同一高度去判断，同一格局去定性，同一层次去培养，只有共同的价值观、共同的价值体系才能真正形成认知统一的价值。

价值创造体现在时代性，时代赋予我们无限的发展机会，我们必须感恩时代，与时俱进；价值创造体现在政策性，国务院办公厅发布《关于推进养老服务发展的意见》，提出养老服务相关的六个方面共28条措施，养老行业的春天已到，我们必须回馈社会，提升长者及其子女的获得感、幸福感和安全感；价值创造需要把握共同性，在共同良好环境中革新进取，同心协力，共谋发展，让长者拥有幸福的晚年，让后来人有可期的未来；价值创造需要具有团队性，《孙子兵法》有云"上下同欲者胜"，指的就是团队成员目标一致，同呼吸共命运，共担共享价值创造，才能助力团队发展；价值创造具有利他性，商业的本质是成就客户，我们要始终把客户装在心中，除了为客户提供有形的产品和服务之处，还可以提供无形的价值，全心全意地服务客户。未来九如城会把我们的幸福体系推广至全社会，用良知孝爱服务亿万家庭！

利他之心是成功的原动力，是价值共生的核心概念。价值共生的基础是具备共同的价值观，古往今来，无数人为了共同的信仰而奋斗不息。当今时代，我们要在共生的环境中相互促进成长，在共生型平台上全面连接整合行业资源，实现让长者安享幸福晚年的使命。共生型平台就是文化、创造、发展的集合，是命运共同体的具体舞台，在共生型平台上，我们每个人都能助推产业变革升级，助推民族复兴中国梦！

共生反映了时代的趋势，引领了全新的风向标，面向共生就是面向未来。天地间的共生体现在天地万物于一体，万物互联的本质就是万物间的共享，人与天地、人与人，皆为共生体。共生是企业前进的内核，也一定是养老行业未来发展的关键词。我们在共享的基础上走向共生，才能长久；在共生的浪潮中融合共享，才能平衡。在价值认知下的共生，必然是企业迈向伟大的核心因素！

突破认知
挑战增长的极限

◎廖建文 / 京东集团首席战略官

今天我们思考中国管理模式的时候，不仅仅要把它放在传统的经典管理理念下思考，提炼出与中国传统文化相关的管理理念和方法论，更重要的是要认识到：今天数字化在中国的发展，会比在全世界任何一个角落都速度更高、影响更大。

消费互联网对行业的改变很大：中国没有经历过信用卡时代，一下子进入无现金社会；原来的物流体验很差，现在一天到货。在**产业互联网**的层面，今天我们讲IT化、SaaS化、移动化、智能化——四化合一，能够实现行业蛙跳式的发展。在这个背景下，在思考今天中国管理模式的时候，不仅仅要从文化背景层面来思考，更重要的是要理解在新的背景下，今天的中国管理模式可以如何引领全球智能商业时代的管理模式。

突破认知：挑战增长的极限

我把题目定位在"突破认知：挑战增长的极限"。我认为所有的极限，个人发展的极限、增长的极限……都是认知的局限。认知的局限限制了战略的想象力。

认知代表了一个人或者企业对外部环境、对竞争、对市场的思维框架。而这种框架形成后，会变成一种习惯。这种框架从个人到组织，变成处理外部环境信息很重要的"芯片"。而当外部环境发生变化的时候,它通过认知的框架,会捕捉到对框架一致的信息,过滤很多不相关的信息。这种信息的选择,在很大程度上导致认知的偏见和缺失。

当行业发生非连续性变化的时候,这种认知的挑战就变得非常大。这种认知挑战决定了未来会走到哪里,我们怎么看待行业的终极等。

例如,在1865年,英国出台了《红旗法案》,规范了英国汽车行业的标准。这一法案认为汽车里应该有三个人,一个人摇旗呐喊开路,另外两个人在车内操作汽车。这种汽车行业的标准是基于过去对马车的理解,用马车规范未来的汽车行业。红旗法案让整个英国失去了在汽车行业发力的机会。

再如个人电脑和个人计算,对这两个行业终极认知的缺失,会导致大的布局差异。我们对行业终极的判断和认知——未来到底是个人电脑,还是个人计算,直接导致了战略格局完全不一样。

往往在战略的层面,我们赢了当下,却输了未来。战胜了所有对手,却输给了时代。突然间数字化在改变所有一切。我们怎么看今天的时代变得尤其重要。为什么我认为所有的行业在未来相对长的时间里,都值得重新做一遍,背后的逻辑是什么?是因为基于过去的认知我们走不到未来。我们的认知要发生相应的改变。

所以,所有的局限都是认知的局限。我们要回答的很重要的问题,是我们如何看待行业的未来。"我们任何时候都是关进自己认知框架的囚徒。"我们不认为我们是囚徒的原因是我们不知道我们所不知道的。未来的商业逻辑会发生什么变化,这些变化我认为会对后面思考商业的本质产生重要影响。

未来商业的改变

分享未来商业的改变前,我引用一句我非常喜欢的话,这句话源于丘吉尔的著名演讲,它发生在1942年"二战"期间。这期间有三大战役,美军战胜了日军,苏联红军战胜了德军,法军战胜德军,三大战役都赢了。丘吉尔做了著名的演讲,演讲叫《开始的结束》。这句话源于他的演讲,"这不是结束,甚至不是结束的开始,而仅仅是开始的结束!"

我们看所有行业的改变,互联网上半场的改变非常令人兴奋,但是这只是一个开始的结束,而不是一个结束的开始。这种改变放在大的历史背景来看,会变得非常深刻、非常让人恐惧。今天看商业文明变化的时候,我划成两个阶段:第一次机器时代和第二次机器时代。

第一次机器时代从蒸汽机时代(1770年左右)开始,一直到电气时代(1870年左右)。不管是蒸汽机时代还是电气时代,本质都是一样的,用机器替代人的体力,是对人的体力的放大。

第二次机器时代,完全是不一样的机器。从电脑到人工智能,本质是用机器替代人的脑力,是对脑力的放大。

从一个新技术出现,到这个技术改变行业,有漫长的基础设施构建过程。举个例子,电的出现并不直接改变行业,电出现后人们需要大量的时间去建设电网。当电网成为无处不在非常廉价的基础设施,才会导致一些行业的兴起。

同样,从电脑的出现到现在的智能时代,以AlphaGo战胜李世石为标志的话,过去的40年里面我们干了什么?其实我们所干的事情和电发展到电网的逻辑是一样的。过去几十年里面,我们只是干了下一个行业的基础设施,仅此而已。这个基础设施体现在三个方面:一是算力的提升,二是数据的积累,三是算法的突破。

智能对行业的改变,并不是偶然的,而是因为过去的四五十年里面,我们在为下一个时代建立智能发展的基础设施,这个基础设施体现在今天算力的加快、算力成本的降低,有利于云计算广泛应用,这促使移动互联网中的海量数据得以收集、存储、整合以及利用，最终产生了洪水般的信息。

第一次机器时代走了100年，第二次机器时代代表了人的脑力放大，走了四五十年。这是一个开始的结束，还是结束的开始？

消费端走到产业端，未来这些对行业的改变，其深刻的影响力会远远超过过去的四五十年。今天我们看这些改变的时候，它的改变仅仅是一个开始的结束，而不是结束的开始。

从商业逻辑看，你突然发现这些改变，今天我们已经看到的改变，不管是出行也好，媒体也好，医疗也好，这些行业的改变方向越来越清晰。

颗粒度经济

我们看媒体行业的改变。今日头条从2012年开始创业至今，我们可以看到它对媒体行业的改变，它改变了逻辑和过去的分类广告，你可以搜索想看到的文章。改变的本质区别在于它对内容、阅读习惯、场景的标签，做到了精和准。出行，与过去的车队和扫街的最大区别在于可以知晓周边的交通情况如何，天气情况如何，对消费者来说，知道要走到哪去，什么时候需要等待。医疗、教育，这些行业最深刻的改变，是这些行业数据的颗粒度变得越来越精细，这些改变首先是数据颗粒度的改变。现在的阅读不是读者搜索一篇文章，而是根据读者的阅读习惯进行精准推送。

所有发生很重要改变的行业，其改变都是基于生产要素颗粒度精细化的改变，且这些生产要素是行业赖以生存的核心生产要素。比如：教师的教学风格、学生的学习习惯，只有这些要素实现数据化，生产要素精细化，颗粒度越来越细，才能走到第二步——运营的准配化，供需之间有精准的匹配。精和准代表所有行业终极的逻辑，意味着过去工业化时代强调的规模概念变得没有那么重要，因为能做到千人千面，能满足产品的标准化和体验的高度个性化的完美组合。这种模式打破了过去在个性化和批量化之间的矛盾。所以今天我们看所有的行业，医疗、教育、农业等，都走到了精准时代。

这个精准时代，意味着所有的行业都因为颗粒度的变化，需要重新做一遍，价值的创造、价值的获取，通过千人千面，精准匹配，重新构造价值链各个环节。价值获取过程也会发生相应的改变。

颗粒度经济下和未来商业下，"精"和"准"变成两个关键的词。"精"代表了生产要素精细化，"准"代表运营流程准配化。也意味着过去强调的市场细分概念没有那么重要，单元经济会替代过去的批量、规模。

想象今天的冰箱变成智能冰箱，它会改变什么？冰箱又会变成什么？第一，冰箱会变成数据的来源，有数据的价值。第二，冰箱有内容的价值。第三，冰箱有健康干预的价值。根据家庭成员的健康状况，配置每周每天的饮食习惯。冰箱还有可能变成超市的前置仓。

进一步想象，所有冰箱都在云里的时候，会发生什么样的变化？这意味着精准地知晓在每个饭店周边的几个街道，每天需要什么菜品，多少数量。一个冰箱变成了一个群体的冰箱，群体的冰箱后面的供应链会变得非常精准。从这里来看，几个大的变化是非常清晰的。第一，冰箱作为物理端的价值只是一个开始，作为精准的服务和精准的输出，物理属性变成了价值的全部。智能化以后，通过网络协同，在云里实现共建，网络协同代表数据的协同，也就是在云里形成闭环，不断迭代优化，以至于越来越精准。这种动态循环，意味着这种商业模式是在动态的环境里不断优化的，意味着从价值层面看，智能化的价值会远远超越原来物理端的属性价值。

这会产生以下几个方面的改变：

第一，从产品到产品+数据+内容+服务（PaaS），背后都有数据的沉淀，都有内容分享的可能。

第二，大众市场变成单元市场，变成人人市场，变成一个人的市场

(market of one)。传统冰箱是标准化的，工业化生产没有问题。智能冰箱，既标准化，又高度个性化，每个人使用冰箱的方式、体验完全不一样，这时冰箱就像手机一样。手机是标准化，又是高度个性化的，里面的内容、数据、服务输出是高度个性化的。基于此，我们能做到标准化和高度个性化的完美组合，因为后面是强大的算法引擎。

第三，商业模式的关注点从交易价值到使用价值。今天一个冰箱的使用价值远远超越交易价值，这意味着后面的使用价值所带来的价值要远远超过物理属性的一次性交易。从客户关系看，从一次性交易变成了永久的联结。

第四，从商业模式的层面，回到大家关注的价值共创，所有的价值创造变成共创行为。数据协同，才能输出具有高度个性化的服务。这个商业时代不存在单一企业为用户创造价值的情况。

第五，最重要的一点，价值链变成价值网。过去思考价值链价值的时候，价值链价值最大化，很重要的是我的链条是以其他链条价值被压缩为前提条件的，价值链是此消彼长的博弈，今天我们思考的变成网络价值，变成价值网的价值。如冰箱之外的数据协同的价值、广告的价值、精准推送的价值、供应链和超市的协同价值，这些价值远远超越了原来链条内部的价值。

第六，从边界到跨界。从行业角度看，行业的跨界变得非常容易，因为在数据协同层面，行业的边界不再是过去某个产品属性所定义的了。

重新定义

过去经典战略理论里讲的相关多元化、非相关多元化等，你突然发现这些理论背后的逻辑，都会面临一些挑战，因为数据协同意味着行业边界变得越来越模糊。冰箱跟健康干预的关系就是一个例子。行业间的跨越变得非常容易，跨越的核心技术来自我们讲的数据。

在经典管理战略里我们经常讲的核心理念，如"规模"，因为规模经济有成本优势，会影响竞争；如"范围"，有范围经济，可以产生协同效应。在今天的数字化层面，这些概念的重要性在急剧降低。数据协同导致企业间互相依赖——今天社交数据变得非常重要，但是社交数据缺乏交易数据；交易数据非常重要，但是缺乏社交数据；天气数据很重要，但是还需要出行数据，等等。

没有一个企业能够有全域的数据，我们如何看待竞争变得非常有意思，所有的竞争其实都是在合作，都是在协同。我们如何看待组织，看待组织的大中台、小前台，数字化的结果是组织在交易成本、管理成本之间的取舍变得非常容易。数字化使交易成本急剧降低，内部的活动往外剥离，以至于大大降低了企业的成本。

数字化对竞争优势的改变，最终体现在三个层面：产品层面、客户关系层面、卓越运营层面。

回到前面讲的认知问题。如果我的判断是对的，那就意味着未来的智能商业时代，前面上半场构建了下一个阶段的基础设施，而基础设施的改变意味着所有的行业都会走到一个拐点，我认为这个拐点就是下半场的开始。不同行业改变的时间点不一样，改变的时间点取决于场景数据化的程度、数据协同的程度、网络智能的程度。走得更快的行业，改变就更容易，比如说媒体、医疗、投资、场景数字化等行业。

如果我对拐点的判断是对的，就意味着突然间很多行业面临非连续性变化，在非连续性变化背后，过去沉淀的认知并不一定能保证我们走到未来。也许上半场能活好，但并不一定能活得久，当行业发生非连续性变化的时候，用旧地图是找不到新大陆的。我们应该在旧的地图层面做出新的判断，用新的认知找到新的增长机会。从这个角度来看，你以为你的竞争对手是友商，但其实真正的竞争对手是时代。行业发生非连续性变化的时候，大中小企业都在同样的起跑点，因为非连续性变化很大程度上会改变行业的商业逻辑。

战略：平衡的艺术

战略变成了平衡的艺术。一方面是核心业务与核心业务的延展，另一方面是超越核心业务。左边代表海军团队，右边就代表海盗团队，用最低的成本不断尝试新的机会。战略变成了管理矛盾的艺术，矛盾体现为活好与活久、持续与非连续性、主流与非主流、决定性和可能性、约束力和想象力等。这个背后代表了一系列的讨论，风险、结构、梦想、系统、灵活、规范等。这意味着，在面对非连续性变化时，没有办法用一个一体化的组织去面对未来非连续性的变化。

回到今天讲的认知层面，上述讨论意味着今天我们在面向未来的时候，智能商业时代到来，在数字化背景下，很多规则会发生变化。

"动荡时代，动荡本身不可怕，可怕的是延续过去的逻辑。"

(本文根据第十二届中国管理模式杰出奖颁奖盛典演讲整理)

长期主义是目的，价值共生是手段

◎刘杰 / 复旦大学管理学院教授

在一个权力与资本拥有较大话语权的今天，机会主义极易俘获人心，各种所谓的新模式、新观点、新思想甚至新理论层出不穷，但常常是昙花一现。有的企业想挣快钱，赚一票就走人；有的人想走捷径，恨不得立刻致富成名。社会也有些浮躁，实用主义甚嚣尘上。所以，在这样的背景下强调"长期主义"是有远见卓识的。

对人类而言，能长期留在人们心中并对社会的进步起到促进作用的总是爱、品德与美好，而绝不是利用人性的弱点而博得眼球与赚取亿万钱财。

当然，基业长青是企业追求的一个目标，要实现这个目标不容易，全球经营过百年的企业很少。企业作为一种组织形式，也很难做到长生不死，因为从企业本身的特性来看，它是具有竞争性的，生存在竞争环境中的企业都很难保证自己基业长青。实际上，长期主义追求的并不是企业永久地活着，其实企业本身这种组织形态，也一定会进化、消失的。

有人将做企业比喻成长时间进行的马拉松比赛，在赛事过程中，不断地有运动员退出比赛，只要有人到达 42.195 公里的终点处，这场比赛的第一名就确定了，尽管比赛还在继续进行，但是一旦赛事规定的关门时间一到，这场比赛就结束了。也就是说，在有竞争规则并执行竞争规则的环境中的所有个人、组织的宿命都是如此。

张瑞敏先生多次推荐詹姆斯·卡斯写的一本书《有限与无限的游戏》，这本书中的一个观点是：在一定边界内玩的游戏是有限的，拥有特定的赢家，规则的存在就是为了保证游戏会结束，而与边界玩的游戏是无限的，可以让游戏长久地进行下去，其目的在于将更多的人带入游戏本身，从而延续游戏。

那么包含着爱、品德与美好的规则是什么呢？德鲁克说过，企业的目的只有一个，那就是创造客户，只有不停地创造客户所需要的价值，才能使企业持续地生存下去。也就是说，将一定的产品与服务作为规则边界的企业是会消亡的，只有那些不断地改变规则边界的组织才可能长期生存，而这个边界就是客户的需求。

然而，单个企业是很难满足用户所有需求的，好比海尔尽管能够满足用户对冰箱产品的需求，但是仅仅海尔一家企业是难以满足用户对用冰箱来获取所有新鲜食物的需求的。因此，海尔为了满足用户真正的需求，为用户创造价值，其企业的范式就不再是一味地在企业之间开展竞争了，而是需要相关的企业联合起来与客户不断变化的需求来竞争，这就需要企业之间以及企业与用户之间更多地合作，这样的关系就是价值共生。

因此，长期主义是目的，价值共生是手段，这个目的和手段是一致的，即要实现包含爱、品德、美好的长期主义，就必须采用价值共生的方法和手段。

第一章

方太模式与未来展望

方太——第一个国人自己打造的高端家电品牌,是中国厨电行业首家营收突破百亿元的企业,也是致力于把中华传统文化和现代企业管理相融合的民族工业先行者。

| 专家解读 |

方太为什么独特

方太文化符合长期主义与价值共生的理念,体现了中国民营企业基业长青、品牌长存的"慢生长"之道。长期主义与价值共生,在方太的成长史中融为一体:她是一个典型的中西合璧的企业,把长期主义和价值共生的理念与优秀的中国传统文化紧密联系在一起,在实践中一步步探索、检验和完善。方太模式和其管理实践背后的文化根植性非常彻底,时代的实践意义非常具体,这两种形态的匹配决定了方太能够真正成为"中国管理模式"的先行者和典范。

毫无疑问,方太的利益相关者们会从不同的角度去看待方太是不是一家成功的企业:市场看中创新,员工看中文化,社会看中正能量。凡此种种需要,方太似乎都能满足。方太满足多元利益相关者诉求的能力来自哪里?我们能否从与茅忠群和方太高管的对话中悟出一二?

在我们看来,方太的成功始于选择

"独特"；独特的方太是一个立体；立体包括三面，其中最重要的一面是茅忠群本人，第二面是方太的创新与战略，第三面是方太文化。正是这三面——人、创新与战略以及文化的天然结合，塑造了今天的方太。

——任兵
南开大学商学院教授

宏伟理想与"慢生长"之道[一]

/ 南开大学商学院 任兵
/ 南开大学商学院 于敬如、张海源、王泽宇

一、方太发展概述

方太创建于1996年。24年来方太忠于初心，始终专注于高端厨电领域，致力于为追求高品质生活的人们提供优质的产品和服务，打造健康环保有品位有文化的生活方式，让千万家庭享受更加幸福安心的生活。

方太业务涉及厨房电器、集成厨房以及海外事业三大板块，其中FOTILE方太品牌专注于厨房电器业务，现拥有吸油烟机、嵌入式灶具、嵌入式消毒柜、嵌入式微波炉、嵌入式烤箱、嵌入式蒸箱、热水器、水槽洗碗机、蒸微一体机、净水机十大产品线。

2019年方太在全国已有员工16000余人，除雄厚的本土设计实力，方太还拥有来自韩国、日本等地的设计力量、高端厨房生产设备及国际工业制造先进技术。方太坚持每年将不少于销售收入5%的费用投入研发，拥有包含厨房电器领域专家在内的750余人的研发人才团队、国家认定的企业技术中心和中国合格评定国家认可委员会认可的实验室，同时在德国、日本等地设立研究院，并于2013年被国家知识产权局评为第一批国家级知

[一] 致谢：任兵教授团队感谢中国管理模式杰出奖评审委员会曾昊博士、宁波诺丁汉大学国际企业管理领域李达三首席教授李平教授、青岛理工大学商学院乐国林教授对调研过程以及报告撰写的启发。感谢方太集团对调研以及本报告撰写的大力支持与协助。

识产权示范企业。截至 2019 年 7 月，方太已拥有近 3000 项专利，其中发明专利数量超 400 项。雄厚的科研力量，确保了方太的创新实力。作为全国吸油烟机标准化工作组组长单位，方太积极参与国际、国家、行业标准化工作，引导行业标准制定，已参与修/制订各项标准 90 余项。㊀

目前，方太在全国设立了 116 个分支机构，并建立了涵盖专卖店、家电连锁、传统百货、橱柜商、电商、工程等全渠道销售通路系统。方太致力于打造符合用户购买体验的高端电子商务模式，天猫平台 DSR（卖家服务评级系统）评分连续 5 年（2015～2019 年）居行业翘楚地位。㊁方太创新推进"高端电商战略"，于产品结构、渠道结构、在线客服、交付安装等各方面专注于提高用户体验。

2018 年，方太宣布了全新的企业使命——"为了亿万家庭的幸福"。这是继 2015 年方太提出"成为一家伟大的企业"的新愿景后，又一次对核心理念的重大升级。方太董事长茅忠群认为，伟大的企业，不仅是一个经济组织，要满足并创造顾客需求，而且是一个社会组织，要积极承担社会责任，不断导人向善，促进人类社会的真善美。具体来说，伟大的企业要具备四个特征：顾客得安心，员工得成长，社会得正气，经营可持续。

二、方太的宏伟理想与"慢生长"之道

（一）茅忠群具有非凡的审美能力

中国社会已经进入了审美经济的时代，"审美"维度的商业创新越来越普遍。在调研过程中我们从茅忠群身上感受到的最大不同也正是他在审美趣味与能力上的卓越。

我们发现茅忠群的审美能力至少体现在两个方面：第一个方面是他在

㊀ 资料来自方太官网：《方太简介》，https://www.fotile.com/brand/about.html。
㊁ 资料来自方太官网：《方太简介》，https://www.fotile.com/brand/about.html。

思想道德层次上的审美，主要体现在他对中华优秀传统文化的洞察与认识上；第二个方面是他在产品上的审美。

茅忠群在思想道德层次上的审美。2008 年，茅忠群决定在方太全面导入中华优秀传统文化。茅忠群对文化有一个定义：文化是起心动念与做事情的一种过程和方式选择。茅忠群认为中华文化里有利他的维度，对学习者的"发心"会产生潜移默化的影响。访谈过程中，茅忠群告诉我们中国的传统文化对他产生了深刻的影响，包括《大学》里的"大学之道，在明明德，在亲民，在止于至善"；孔子的"仁者爱人"（爱人就是利他）；孟子的"义"；《中庸》里的"天命之谓性，率性之谓道，修道之谓教"，以及后来的王阳明的"致良知"，等等。

茅忠群相信中华优秀传统文化中包含了"人文世界的真理真相"，这些真理真相能够帮助他成就不一样的现代企业。这个不一样的现代企业不再仅限于打造一个本土高端品牌或者成为世界一流企业，而是有能力成为一家"伟大"的企业。在"仁爱"思想的影响下，2015 年 1 月，方太将企业愿景从"成为一家受人尊敬的世界一流企业"调整为"成为一家伟大的企业"。茅忠群这样理解"一家伟大的企业"的内涵：

"在我看来，西方管理理论认为企业就是一个经济组成，目的是股东利益最大化、利润最大化。但从中华文化的角度，企业不仅是一个经济组织，它还是一个社会组织。作为一个经济组织，它要满足并创造顾客的需求；作为一个社会组织，它必须积极承担社会责任，不断导人向善，促进人类社会的真善美。这就是中华文化角度下的伟大企业的意涵。"

现实中确实有很多中国企业家也能够深刻地洞察中华传统文化中的"美"与"价值"，但能够做到像茅忠群这样把西方管理中的"术"与中华传统文化中的"道"打通的却是凤毛麟角。茅忠群意识到想要超越西方管理，最终还是要看效果，也就是是否拥有更强的竞争力。茅忠群最终建立了中西合璧的方太文化，既形成了独具特色的管理模式，又在市场上赢得了更强的竞争力。

茅忠群在产品上的审美。20世纪90年代的中国吸油烟机市场上充斥着上千家低端品牌。那时的吸油烟机不论是外观还是功能，都不那么让人满意。茅忠群曾经问道：为什么我们不能把东西做好一点，卖贵一点？从创业初始，茅忠群就确定做高端品牌，他对产品的研发非常重视也非常专业。为了更好地定位，开发出好的产品，他亲自带领团队做市场调查并开展对吸油烟机产品的研究和实验。得益于茅忠群与众不同的审美，方太在开发第一代产品的时候就有一些开创。比如，当时的方太是第一个运用工业设计的手法对吸油烟机产品进行设计的。

茅忠群拥有极简主义的审美，这种极简主义不仅充分地嵌入方太的系列吸油烟机产品上，也充分地反映在方太产品的广告创意与呈现上。我们在调研过程中曾观看了一些方太拍摄的视频广告，其内含的一系列与宋代审美和艺术有关的元素令我们惊叹。这些广告创意得益于一个优秀的创意设计团队，但很多设计想法首先是从茅忠群那里产生的。茅忠群会建议创意团队把一些优秀的传统文化思想进行现代化的转化，比如尝试在中秋节这样一个时间节点，通过宋词以及中国画中的黑白泼墨意境去烘托中华文化的底蕴，在吸油烟机、洗碗机和蒸箱这些产品的功能价值之外，传递真诚、爱与正能量。

茅忠群会亲自研究奢侈品和高端产品并参加展览会。他对新事物的吸收能力很强，他甚至了解什么是更高水平的工艺。在方太发展的过程中，茅忠群不断提高自己在产品与工艺方面的审美水平，他会把好的想法拿到企业内部进行宣传、讲解和辅导。在他的影响下，方太的整体审美能力一直领先于行业，方太的产品一路成为竞争对手竞相模仿的对象。

对茅忠群以及他所带领的方太在审美趣味和能力上的最好证明是方太

至今所获得的近 50 项国际设计大奖。根据方太官网介绍，2007 年至今，方太获得由"IF CHINA 设计评委会"颁发的 26 项 iF 大奖和由"Design Zentrum Nordrhein Westfalen"颁发的 22 项 reddot 红点大奖等国际奖项，稳居厨电行业翘楚。

（二）方太的创新超越了复合式创新

孙金云和陆亚东在《中国企业的崛起之道——复合创新》一文中对复合创新有这样一个定义：复合创新是创造式复合及响应式创新的合成词；创造式复合是指企业创造性利用和整合企业内外一切可以获得的资源与竞争手段，来取得阶段性的竞争优势；响应式创新则注重市场洞察、创新聚焦和快速迭代。[一]

方太自建立之初就选择进入并不熟悉的吸油烟机市场，在当时环境下，其与国外的知名品牌以及国内的老牌公司相比，在技术、人才、资金等方面都不占绝对优势。但是国外的吸油烟机品牌与中国消费者的需求不够契合，难以完全应对中国传统烹饪方式产生的大量油烟。方太积极抓住中国消费市场的特点，设计了第一台自主研发的深型吸油烟机，其独创 A 系列深型吸油烟机面世，掀起第一股方太旋风，大圆弧流线型设计，首创"罩电分离"结构，有效解决了当时吸油烟机的六大问题，开创了吸油烟机行业流线设计的典范。之后方太不断进行技术革新，从而创造了属于方太自身品牌特色的产业链。

连续创新模式下，方太对于吸油烟机产品线的更新非常快，使其在原有性能的基础上不断改善。值得注意的是，方太对于产品的创新并非关起门来自己摸索，而是积极地吸收相关产品的优势并在技术与产品形态上进

[一] 孙金云，陆亚东. 中国企业的崛起之道——复合创新[J]. 清华管理评论，2017，000(006)：P.81-87.

行大胆的融合。在该模式下，第一台"欧式外观我国芯"吸油烟机在拥有时尚外观的同时更好地解决了我国厨房油烟较多的问题，成为美学设计与功能相结合的完美典范，同时也开启了我国吸油烟机行业的塔形机时代。方太 D5BH 于 2001 年问世，它所拥有的弧形玻璃顶罩，与 D5G4 所代表的塔形机，是当时国际流行的吸油烟机的两大经典外观。㊀方太在核心技术上持续不断地突破，2009 年和 2013 年的风魔方系列产品采用了油烟吸附技术，解决了油烟过滤吸附的重要问题。2014 年 3 月 25 日发布的"云魔方"欧式吸油烟机"重新发明了欧式机"，其开创性的"蝶翼环吸板"设计打破了欧式吸油烟机精美外观与吸油烟效果好不可兼得的定论。

方太的洗碗机与净水器的产品创新属于非连续性创新。2015 年，拥有 35 项专利技术的方太水槽洗碗机问世。这款专门为中国厨房打造的洗碗机，打破了国产洗碗机市场普及率不足 3% 的尴尬局面，其市场占有率迅速达到 40% 左右。水槽洗碗机将水槽、洗碗、果蔬净化三种功能合一，标志着中国厨房告别了手工清洗的时代。方太在 2019 年又推出净水器，深刻洞察消费者的健康饮水需求，实现了"高效滤除重金属，保留有益矿物质"的智能选择性过滤，面世之际为全球首创。方太深入调研开发出 NSP 膜色谱双效净水技术，重新定义了净水标准。截至 2019 年上半年，方太累计申请净水技术相关专利超过 200 项，其中膜技术专利数十项。

不论是连续性创新还是非连续性创新，"痛点创新"方法对于提高方太的产品创新成功率以及产品在市场上的接纳度都提供了保障。方太的产品创新具有非常明显的市场特征，其都是针对消费者表现出的明显的功能需求来进行创新。以方太洗碗机为例，在面世之前，市面上的洗碗机的产品性能并未在中国消费市场获得高接纳度。清洗时间长、占用空间大、放碗

㊀ 资料来源于百度百科词条：方太厨电，https://baike.baidu.com/item/方太厨电/15523083?fr=aladdin，更新时间：2019-11-23。

不便捷等问题都成为中国消费者不选择它的重要因素。方太在捕捉到这些关键点之后，进行了新产品的研发。在这个过程中，管路的创新是最大的技术难关，方太从汽车涡轮增压发动机中获得灵感，创造性开发出"开放式双泵"系统，解决了二次污染问题。水槽洗碗机研发团队走访了25座城市、1000多户家庭，历经了274次专案研讨会，设计了150多张图纸。[①]随着厨具集成概念的提出和产品向集成化发展，集成灶、组合洗碗机等都是方太在集合式创新方面的成功表现。

方太的产品创新同时受益于文化，主要表现为将产品创新的灵感根植于仁爱的文化。不同于同行业的其他竞争对手，方太能够真正从仁爱文化中挖掘出有利于产品创新的创意，通过文化建设带动产品革新，与此同时，产品创新反过来又可以更好地宣传仁爱文化。

从上述分析我们似乎可以做出判断：方太发现资源、整合资源的方式符合复合式创新的特征。然而，方太的创新超越了学者用以描述中国企业所具有的一般性的复合式创新能力的概念，更表现为从一开始就坚持做高端品牌，在技术与产品上坚持高度的原创性，在文化上坚持仁爱，并始终拥有超强的自主创新能力。

（三）方太具有高度的战略前瞻性以及动－定平衡的能力

方太的战略具有高度的前瞻性。方太致力于在2030年实现千亿元营收规模。方太的营收规模如何从百亿元跨越到千亿元？茅忠群的回答非常清晰："还是围绕着创新。"

首先是管理创新。方太每年拿出总销售额5%的费用投入研发与创新，其产品创新高度依赖于核心技术突破。从创新投入与核心技术突破以及企

[①] 资料来源于方太官网文章《方太创新能否被复制？先读懂这3个关键词》，https://www.fotile.com/news/116.html。

业绩效增长表现的关系上进行审视，我们确实看到产品技术创新为方太带来的规模跨越效应。

茅忠群说："方太的产品创新是方太走向营收千亿元的最重要的支撑。"茅忠群以水槽洗碗机和净水机为例，解释了什么是方太式的产品创新。方太水槽洗碗机是全球首创，研发历时5年；2019年推出的净水机，研发历时8年，全球独一无二具有市场上其他产品无法替代的优势。为什么叫独一无二呢？方太从8年前就开始思考怎么做一个真正有益于健康的净水机。其开发出来的滤芯既可以过滤掉重金属，又可以把有益的矿物质微量元素留下来，这在全世界是独家。

茅忠群对家庭厨房概念及其演进理解得非常透彻。据茅忠群介绍，方太先后经历了嵌入式、成套化的阶段，未来的产品会更加集成化、健康化和环保化。具体而言，方太的产品不论是吸油烟机、水槽洗碗机还是净水机，或者是即将出现的任何新产品，都要更有利于个人健康和环境生态。最后一个大趋势是智能化。茅忠群预测将来人们对智能化的要求会越来越高，用户希望厨具使用起来越来越方便。方太就要探索如何更方便、智能和智慧地为消费者服务。这些探索是成就方太千亿元营收规模的重要前提。

其次是管理创新。茅忠群认为方太在管理创新上的空间很大。他看到不同体量的企业对管理的要求是不同的，特别是营收规模要想从百亿元跨到千亿元，方太在管理上还要来一次脱胎换骨。管理创新上，方太借鉴了华为的一些做法；在生产系统上它学习了丰田的生产方式。茅忠群说未来方太在整体上要以顾客为中心，将产品研发和营销作为两个核心，其他的组织都将支持它们，变成支持的大平台。实际上，由于数字化时代的来临，方太在几年以前就规划了基于前台、中台、后台的信息化系统大架构。方太这几年在按照这个大架构不断地推进。方太成就千亿元营收的理想也将紧密依赖于方太的管理创新与数字化能力。

最后是文化创新。茅忠群认为在过去 10 年里，方太初步形成了一套中西合璧的文化理念和管理体系，但如果给自己打一个分数，也就刚刚及格。他的下一个目标是再过 10 年，让中西合璧的管理体系真正成为全球领先。茅忠群认为真正领先全球的管理，要具有强大的竞争力，同时要有最强大的正能量。茅忠群介绍了方太从 2018 年到 2019 年所立下的四个志：

第一个志：未来 10 年助力 1000 万个家庭提升幸福感。

第二个志：帮助 10 万名企业家学习中华文化，助力他们的企业迈向伟大。

第三个志：跟合作伙伴一起打造 1 万个幸福社区。

第四个志：2030 年前后成为一家营收千亿元级的伟大企业。

这四个志可以说体现了充分的正能量。

比战略前瞻性更为重要的，是方太所具有的高超的战略上的动－定平衡能力，具体表现为在战略上"动""定"结合，定中有动，动中有定。战略上的"定"主要表现为坚持做高端品牌，不上市，坚持文化的本土根植性，坚持仁爱是创新之源，以及同时融合西方现代的管理与技术等。战略中的"动"，主要表现为方太在发展过程中，一直不断推进产品、技术，以及方太在国际市场上不断开拓进取。

"动""定"结合主要表现为从 1996 年成立到现在，方太面对瞬息万变的市场需求，积极迎接市场带来的机会与挑战，保持发展的灵活性，攻克技术难题，拓展海外市场的同时，始终以方太文化为基准，不忘初心，不忘成就伟大企业的理想。

（四）从方太文化看长期主义与价值共生的内涵

习近平总书记在《坚定文化自信，建设社会主义文化强国》一文中强调："文化是一个国家、一个民族的灵魂。文化兴国运兴，文化强民族强。没有

高度的文化自信，没有文化的繁荣兴盛，就没有中华民族伟大复兴。"㊀

茅忠群带领方太从优秀迈向伟大的重要一步就是把中华优秀传统文化在方太实践中落地，将中华优秀传统文化上升为人文世界里的真理、真相，在更为广阔的文化视野中审视商业，构建商业文明。民族的，也是世界的。平日里茅忠群会花大量的时间面对不同的人群讲授方太文化。我们调研期间曾获得了一份茅忠群的演讲稿，在演讲稿的最后，茅忠群引用了习近平总书记的几段重要讲话：

"我们所处的时代是催人奋进的伟大时代，我们进行的事业是前无古人的伟大事业。"㊁

"我们前所未有地接近实现中华民族伟大复兴的目标。"㊂

"中华优秀传统文化是中华民族的精神命脉，是涵养社会主义核心价值观的重要源泉，也是我们在世界文化激荡中站稳脚跟的坚实根基。"㊃

在茅忠群的展示资料里还包括这样一段话：

"习总书记指出，我们要实现的中国梦不仅造福中国人民，而且造福世界人民。㊄"

从上述内容中，我们可以提炼出方太管理模式的内涵，其具有高度的时代意义。它的时代意义就是：时代赋予了方太的每一个行动者成就幸福国家、幸福企业和幸福人生的使命；作为一个中国企业，方太要回应国家和人民的需要；方太与国家的战略使命和担当同频共振。

在茅忠群看来，国家兴亡，企业有责。企业家应当成为实现中国梦的

㊀ 新华网：《求是》杂志发表习近平总书记重要文章《坚定文化自信，建设社会主义文化强国》，http://www.xinhuanet.com/politics/2019-06/15/c_1124627333.htm，2019-06-15。

㊁ 习近平总书记2015年4月28日在庆祝"五一"国际劳动节暨表彰全国劳动模范和先进工作者大会上的讲话摘录。

㊂ 习近平总书记有关当代中国历史方位的"三个前所未有"的判断摘录。

㊃ 习近平总书记在2014年10月15日文艺座谈会上的讲话摘录。

㊄ 习近平总书记2013年3月23日在莫斯科国际关系学院的演讲摘录。

主力军。茅忠群揣着心怀天下、家国情怀的发心，打造的是具有时代意义的方太管理模式。

对于在企业中推行中华文化，茅忠群建议从企业家自身学习修炼开始，而修炼可从"五个一"开始：立一个志，读一本经，改一个过，行一次孝，日行一善。

总结来说，方太文化符合长期主义与价值共生的理念。方太体现了中国民营企业基业长青、品牌长存的"慢生长"之道。长期主义与价值共生，在方太的成长史中融为一体：她是一个典型的中西合璧的企业，她把长期主义和价值共生的理念与优秀的中国传统文化紧密联系在一起，在实践中一步步探索、检验和完善。方太模式和管理实践背后的文化根植性非常彻底，时代的实践意义非常具体，这两种形态的匹配决定了方太能够真正成为"中国管理模式"的先行者和典范。

三、专家洞察：打造面向国际市场的实践话语体系

方太致力于在2030年前后成为一家营收千亿元级的伟大企业。我们认为实现这一个目标离不开国际化战略的进一步深入。本部分针对方太国际化战略过程中如何打造被世界普遍接受和认可的实践话语体系进行讨论，因为方太的增长极跨越和可持续发展不仅面向中国市场，也面向国际市场。回顾方太过去20多年来在中国市场上的表现，方太在国际化战略方面面临着前所未有的机遇与挑战。

一方面，方太有着强大的产品创新能力与管理和文化优势，方太在产品创新、管理模式和企业文化方面都称得上中国本土企业的典范。另一方面，如何将这些优势运用到方太国际化战略路径上考验着方太人的智慧，如何让基于中华优秀传统文化的方太企业文化得到国际认可，如何在国际扩张中交流和转译方太的企业文化优势，都是值得茅忠群和方太高管思考的问题。

我们认为，方太可考虑将企业文化的创新维度与国际上目前流行的评价企业非财务性表现的 ESG 理念相对接，基于可持续发展的视角，打造面向国际市场的实践话语体系。ESG 是环境（environment）、社会（social responsibility）和公司治理（corporate governance）的英文缩写，是一种关注企业环境、社会、公司治理的非财务绩效的企业评价标准和投资理念，[一]反映企业发展过程中对环境、社会与公司治理三方面的责任。**环境**指公司在环境方面的积极作为，包括符合现有的政策制度，关注未来影响等。**社会**指平等对待利益相关者，维护公司发展的社会生态系统，如人权、劳工、健康等。**公司治理**是治理环境、治理结构、治理机制和治理行为综合形成和作用的结果。

近年来，越来越多的投资者将环境、社会和公司治理因素纳入评估和投资策略，并且越来越多的上市公司已经在披露环境、社会和公司治理方面的信息。此外 ESG 的相关研究成果证明，ESG 对风险管理加强、融资能力改善、应付供应链需求的能力提高、营运成本减低等都大有裨益。基于以上原因，ESG 理念在西方发达国家越来越流行，在企业信息披露、投资者投资、利益相关者评估等方面发挥着重要作用。在 ESG 理念中，环境、社会和公司治理分别有多个评价指标，并且 ESG 披露、ESG 评价和 ESG 投资相互衔接。

ESG 的核心内核是实现可持续发展。这与方太的企业文化与发展表现非常契合。因此，方太可考虑以 ESG 这一评价体系作为桥梁，在中外市场之间进行话语转换，从而使国际市场的利益相关者准确全面地理解方太。

实际上，方太在对 ESG 理念的实践上已经表现得非常出色了，正如方太在美国市场发布的官方宣传片中所提到的"Happiness starts in your kitchen"[二]，以及方太始终秉持的"因爱伟大"的理念，这些都与 ESG 的

[一] 屠光绍. ESG 责任投资的理念与实践 [J]. 中国金融, 2019, (01):P.13-16.
[二] 资料来源：https://www.youtube.com/channel/UCCo9LgP7aqpmloUdooJpl2w/featured。

核心理念不谋而合。此外，方太还坚持定期发布社会责任报告，报告内容翔实，数据完整，凸显了方太作为负责任企业的良好形象。从方太的社会责任报告来看，其在ESG框架范围内的实践完成度较高。方太在ESG框架体系内做得较为突出的有以下三点[一]。

第一是环境保护。方太在环境保护方面所做出的贡献主要体现在其产品的设计和制造环节。方太不仅遵守《中华人民共和国环境保护法》《中华人民共和国固体废物污染环境防治法》等各项国家相关法律法规，还积极响应国家"节能减排"相关要求及倡议，设立了更为严格的企业标准。从产品设计、生产能耗低，排污少的角度获得经济效益和环境保护的双丰收。同时，方太以自身技术优势，改进产品工艺，建设"健康厨房"，实现节能减排，践行环保责任。在节能减排方面，2017年，方太实施了一系列技术改造来降低能耗，提高生产效率，实现了连续三年产值能耗、水能耗下降。

第二是消费者满意度。自成立以来，方太一直在用心做好服务，用心为顾客提供好的产品，把消费者的满意放在第一位。方太在产品的生产制作上，始终凭一颗"良心"做事，把"为了亿万家庭的幸福"设为企业做产品的准则，真正做到了生产制造"令人幸福"的产品。方太推出"至诚服务"，以"及时""专业""用心"为服务方针，确立"顾客永远是对的"的服务原则。方太推出5年保修、预埋烟管、免费清洗和保养等服务。2015年，方太成为宁波杭州湾新区工商12315消费维权绿色通道企业，消费者的问题可以及时快速获得满意的答复，方太注重解决用户的困扰，提升用户体验，让亿万家庭更幸福。

第三是员工关怀。方太以"因爱伟大"为口号，一直致力于成为一家伟大的企业，导人向善。伟大企业的特征之一就是成为"员工之家新典范"，

[一] 资料来源于《方太2017企业社会责任报告》，https://www.fotile.com/Public/Home/img/brand/down2017.pdf。

成就员工物质精神两方面的幸福。2017 年，方太的人力资源部改称"人员与文化体系"。方太不再仅仅把员工看成资源，更把员工得到幸福作为企业的追求，成就人而不是使用人。方太在打造与文化相吻合的软硬件工作环境的同时，始终致力于员工的健康关怀。方太的企业文化强调要善待员工，不仅仅帮助员工实现职业的发展，更帮助员工提升个人修为，让员工成为德才兼备、身心健康的社会成员。方太将传统文化注入企业文化之中，使方太的企业文化迸发出深沉而又鲜活的力量。这种独特的力量也使得方太在员工关怀上格外"接地气"且富有"人情味"。

ESG 关注环境、社会、公司治理等方面的非财务指标，具体包括排放物、资源使用、环境及天然资源三类环境指标以及雇用、健康与安全、发展及培训、劳工准则、供应链管理、产品责任、反贪污和社区投资等。方太以"人品、企品、产品三品合一"为核心价值观，以"为了亿万家庭的幸福"为企业使命，以使命、愿景、价值观驱动自身 24 年以来专注与坚持做高品质厨电产品，最终设立了"成为一家伟大的企业"这一奋斗目标。[⊖] 我们认为，方太的企业文化在核心内核上与 ESG 具有一致性。方太以 ESG 为桥梁和纽带将方太品牌传播到国际市场具有一定的可行性。未来方太势必面临更为深度的国际化战略选择，鉴于方太在企业文化对标国际市场的话语体系尚未完备，本文提出以下几点建议，供方太决策者参考。

撰写 ESG 报告、ESG 议题专项报告（如环境报告、员工报告等）、公告、新闻稿，建立全球各地区员工大会、利益相关方沟通会等立体式沟通体系。

在沟通与披露过程中，注重突出与国际市场 ESG 标准的符合和超越之处，开发更高的披露标准和管理指南，关注更多元的可持续发展议题，在世界范围内彰显方太对人类社会实现可持续发展的贡献。

⊖ 操群，许骞. 金融"环境、社会和治理"（ESG）体系构建研究 [J]. 金融监管研究，2019，(04):P.95-111.

在未来 5～10 年的时间里，遵循《ESG 报告指引》基础，根据自身行业属性和企业发展优势，以 ESG 信息披露为撬动支点，积极参考和应用国内外主流可持续发展相关标准（比如 GRI Standards、ISO 26000、SDGs、全球契约、社会责任报告编写指南（GB/T 36001）），深化企业可持续发展之路，在创造商业价值的同时为联合国 2030 可持续发展目标的实现贡献力量。

作者简介

任　兵（电子邮箱：renbing@nankai.edu.cn），南开大学商学院企业管理系教授、博导，香港中文大学管理学博士毕业。研究领域为组织与战略管理；研究兴趣方向包括商业中的文化、审美与创新，管理研究哲学。

于敬如（电子邮箱：yujingru1118@126.com），南开大学商学院企业管理专业硕士研究生，研究领域为组织与战略管理，研究兴趣方向为社会网络与公司治理。

张海源（电子邮箱：514341757@qq.com），南开大学企业管理专业科学学位硕士生，研究领域为组织与战略管理，研究兴趣方向为 ESG 理论体系与框架、ESG 投资。

王泽宇（电子邮箱：1136652990@qq.com），就读于南开大学工商管理专业，曾获得国家专项奖学金。

第二章

新希望模式与未来展望

新希望——中国民营企业的常青树。作为一家 30 多岁的企业，它一方面实现着全球化和科技化，一方面践行着年轻化和平台化。

| 专家解读 |

新希望的创新与发展

企业发展到行业头部阵营后，组织层次、管理幅度和人员数量增加，容易出现大企业病——审批流程长，决策效率下降；上下博弈，拖延扯皮推诿；斗志下降，惰性增强，导致企业现有业务竞争力下降，同时难以把握新的商机。如果在企业内部组织大刀阔斧进行变革，可能引发企业内部混乱，出现新业务没有发展起来，现有业务发展竞争力下降的局面。

新希望在外部设立草根知本平台，在确定的赛道业务领域，选择新的领军人物和核心团队，采用新的机制和赋能交易方式进行合作，独立发展新业务。同时，在企业内部采用竞争机制，给有干劲和能力的人及团队提供机会，避免了企业大调整带来的震荡。新希望的这两个做法，对大企业如何逃脱大企业病的诅咒，实现持续创新发展有很好的启示和借鉴价值。

——朱武祥
清华大学经济管理学院教授
——谭智佳
清华大学经济管理学院博士生

逃脱大企业病的诅咒，实现持续创新发展

/ 清华大学经济管理学院教授 朱武祥
/ 清华大学经济管理学院博士生 谭智佳

一、新希望发展概述

新希望成立至今（2019年）已走过37个年头，2018年营收690亿元，在行业周期低谷时，净利润仍然保持基本稳定。集团拥有子公司513家，员工超过6万人，禽料业务规模全国第一，猪料、水产料及反刍料位列全国三甲，饲料业务规模居全国第一；每年7亿只禽屠宰量和200万吨禽肉产销量，是国内肉禽业龙头企业；起步较晚的猪养殖业务亦居上市公司生猪出栏数前四位。它是一个典型的大企业，在食品、研发、新进业务领域保持着活力。

新希望是如何逃脱大企业病的诅咒的呢？

二、长期坚守核心业务

（一）新希望发展历程

刘家四兄弟的坚韧似乎是与生俱来的。

1982年，刘氏四兄弟陆续下定决心开始创业，最初的业务是养鸡孵小鸡苗。四兄弟各自利用所长，有人管研发合适的孵化机，有人负责外联争取资源，有人着重进行收集、采购、销售和广告等，孵化鸡苗的效率很高，生意红红火火。

1984年4月，在辛辛苦苦创业两年、生意略有起色的时候，刘永好遭遇了一次交易对象卷款跑路的事件。有一个叫尹志国的买家大手笔下了10万只鸡苗订单，许下了大笔空头支票。但第一批2万只鸡苗交货后，刘氏

兄弟发现对方根本就不是专业养殖户或经销商，运输货车通风不好，鸡苗全部被闷死。刘氏兄弟没有拿到任何定金或首付款，相当于借了一大笔钱做这单生意，回过头来 8 万只鸡苗砸在手里。

"干脆跳岷江，一了百了……"虽然这么想，但当天凌晨 3 点，刘永好就起床，骑着自行车走了数十里到成都摆摊卖鸡苗。1984 年的危机最终顺利渡过！刘永好对农业、饲料的信心和坚持，从那时候开始，一直持续到了现在。

遭遇了尹志国空头支票事件后，刘氏四兄弟相当于从头再来，开始做鹌鹑的养殖销售。在刘永好卖力销售、抢占成都王府井红旗商场黄金摊位后，产品供不应求。店里每天的存货鹌鹑蛋能达数十万只，需求供给量非常大。

在热心诚恳的刘家人带动下，周围邻里乡亲们开始养殖鹌鹑，收获鹌鹑蛋后委托给刘氏兄弟带到成都大商场出售。那时候，新津县有三分之一农户都在养鹌鹑。刘氏兄弟自己的养殖场年产鹌鹑 15 万只，整个新津县最高峰时，鹌鹑养殖存栏有大约 1000 万只。

鹌鹑蛋的产量很快增加起来，而质量方面，由于鹌鹑蛋的产量、蛋壳硬度等与鹌鹑吃的饲料有很大关系，养殖户们自己调配的鹌鹑饲料很难达到较高的产蛋量。只有刘氏兄弟研发的饲料，添加了鱼粉、贝壳粉等，营养足量，鹌鹑蛋产量多、品质硬。

乡亲们看见新希望良种场的鹌鹑饲料确实和自己调配的效果天差地别，于是很乐意从新希望良种场购买鹌鹑饲料。当饲料销量稳步提高并稳定后，1986 年，新希望处置了自己存栏 15 万只的养殖鹌鹑业务，全力进行鹌鹑饲料、鸡饲料和猪饲料的研发和生产销售。

以饲料为主的业务结构持续了很多年，从 1987 年投资建设饲料生产线，到 1998 年新希望集团在深交所成功上市，一直持续到 2013 年前后新希望转型前。

（二）新希望的四点坚守

新希望已经成为一家拥有将近 8 万员工、600 多家子分公司的千亿元规模的全产业链企业，2019 年营业收入规模 1500 亿元左右。新希望的四点核心坚守从未动摇过。

首先就是对农业和食品的坚守。中国经济高速增长时，各类高投资收益的行业不断出现。但新希望创始人从没想过变更主业，集团持有的一部分房地产，也是因为在城市化进程中一些养殖场、饲料厂被动变成城市中心，而非主动的投资行为。新希望对农业的坚守，没有因为农业高度周期性的低谷，或是股票市场市值压力，或是层出不穷的风口行业而改变。刘永好坚定表示，以农业和食品为主业的基调过去 37 年没有改变，未来 30 年也不会改变，反映了新希望管理团队具有长期主义的企业家精神。

其次，除了对产业的坚守外，新希望非常关注企业创新能力的提升。创始人刘永好提出并长期贯彻"快半步"的创新理念。不因公司上市而改变，不因股价涨跌受干扰。公司管理层坚信经营是企业价值增长的本质，做好了经营，股票市值自然会提高。

再次，重视信息化系统建设和完善。公司管理层认同信息化的趋势，自主开发的信息化系统能实现实时和精准的信息交互。比如，企业可以通过贯穿集团相关子分公司和合伙公司的分布式财务系统，实时监控"一块肉"从田间到餐桌的全过程。

最后就是集团创始人、管理层质朴的企业家精神，新希望集团内部一贯秉承务实朴素、扎实稳健的文化价值观。

三、转型契机

（一）产能过剩带来的拐点

以饲料大王为主要目标的新希望一路高歌猛进，但基于竞争规律，饲料行业同样出现产能过剩，2012年前后，新希望主营的饲料业务受到产业波动的影响，促成了新希望从饲料大王向农业综合服务商的转型。

2010年9月，新希望完成了对山东六和剩余55%股份的收购后，新希望六和以700亿元规模的年营收，成为国内规模最大的农牧企业。

这种进击的亢奋一直持续到2011年，新希望成了一家拥有8万员工、超过500家子分公司、年营收716亿元、营业利润36亿元、净利33亿元的农牧业龙头，饲料销量达到了1540万吨。

新希望高层气势大振，提出要在2012年达到千亿元的营收规模。但这个目标并没有实现，2012年最终实现的营收只有732亿元，较2011年只是略有提高，营业利润和净利润反而降至24.5亿元和22亿元。其中，新希望在民生银行的投资收益有13.24亿元，占公司营业利润的54.06%，净利润的60.2%（见表2-1）。

从表2-1数据可以看出，2008年饲料收入、利润增长的状况喜人，增长率分别达到约30%和50%，贡献了营收的四成和营业利润的八成。但这样的增长趋势在2009年、2010年没有持续，相较于2008年，这两年的增长率均有所下降，对利润的贡献不敌民生银行的投资收益。

2008～2012年，新希望主营业务收益及增长状况不甚乐观，禽产业连续5年亏损，饲料工厂产能利用率最高为50%，屠宰、肉制品业务一度出现了过亿元的亏损。

这其实是农牧行业典型的周期性特征。早期，养殖行业非常分散，农户们很多用自家剩饭剩菜喂养禽畜，禽畜产肉产蛋效果自然远不敌喂养经过投资研发、集约生产的新希望饲料的禽畜，因此，新希望业务发展得非常顺利。但饲料行业的利润吸引了很多进入者，养殖行业的集中度提高也提升了养殖户的谈判力，甚至还有养殖大户投建饲料厂。最终2012年左右，饲料行业出现了严重的产能过剩。

表 2-1　2007～2018 年新希望饲料与民生银行投资收益的增长与贡献情况

（金额单位：万元）

	2007年	2008年	2009年	2010年	2011年	2012年	2013年	2014年	2015年	2016年	2017年	2018年
饲料收入	242 179	315 829	330 250	356 773	4 457 772	4 840 941	4 610 320	4 939 838	4 168 461	4 087 649	4 570 184	3 941 916
增长率	30.7%	30.4%	4.6%	8.0%	收购山东六和55%	8.6%	-4.8%	7.1%	-15.6%	-1.9%	11.8%	-13.7%
饲料收入占比	45.9%	41.0%	44.5%	41.1%	61.0%	64.7%	64.5%	68.4%	65.3%	65.2%	70.6%	55.9%
饲料毛利	16 294	24 527	27 686	28 480	254 193	301 513	311 755	308 356	290 447	243 598	282 487	300 202
增长率	1.1%	50.5%	12.9%	2.9%	收购山东六和55%	18.6%	3.4%	-1.1%	-5.8%	-16.1%	16.0%	6.3%
饲料毛利润占营业利润比	43.4%	81.9%	53.5%	35.9%	71.1%	123.1%	110.5%	106.7%	92.4%	75.4%	84.9%	92.6%
民生银行投资收益	28 033	34 915	45 317	65 822	104 532	132 409	169 610	206 811	206 064	199 788	208 014	210 163
民生银行投资收益占营业利润比	74.75%	116.57%	87.56%	83.02%	29.23%	54.06%	60.14%	71.54%	65.58%	61.84%	62.50%	64.84%

在 2012 年新希望的产量一度达到峰值时，全行业的产能利用率平均只有 38% 左右。即便是头部企业新希望，产能利用率全年最高也就 50%。新希望迎来了自 20 世纪 80 年代以来，以饲料为单一增长来源的发展路径的一次瓶颈，促使新希望开始思考转型。

（二）转型方向

转型的大方向是清晰的，第一个三年转型计划很快确定。产能过剩、低效厂房拉低了利润。新希望进行了瘦身，短期以实现盈利为目标，关停低效工厂、产品线，提高企业利润。除瘦身外，新希望还强调从产业、产品思维转向消费者思维，强调靠近市场、洞察市场的重要意义。通过大量的读书、学习、培训、管理层讲演等活动，进行组织和人才改造；更加强调技术改造，对供应链的信息化等进行大力投资和建设自主体系。

第一个三年转型的成果显而易见。员工数量从 8 万降低到 6 万，2015 年关停了 20 家工厂。到 2016 年，虽然营收下降到 609 亿元，但扣非净利润 23.7 亿元，较上年同期增长 19.04%。更重要的是，投资民生银行股权获得的投资收益占利润总额的比例从 2015 年的 69.62% 下降到了 63.78%；与 2015 年相比，农牧业务贡献的净利润翻了一番。

企业的"瘦身"在短期内贡献了利润，同时，员工销售乃至产品设计观念的转变、人才和组织的学习和创新能力、信息化系统建设等成果显著。但如何才能让新希望更高效地利用自己的资源能力去撬动别的资源，更快达到千亿营收的体量呢？

2012 年前后新希望主要做 2B 业务。那时正是互联网创新发展如火如荼的时期，很多传统大型企业集团都在思考如何顺应互联网＋的潮流，进行转型或创新。新希望也在思考，是否应在 2C 业务上发力？

(三) 转型方式

新希望考虑过通过自建和收购方式来布局 2C 的终端业务。

2016 年上半年，新希望以 1.72 亿元收购了拥有"久久丫"品牌的浙江顶誉食品有限公司 20% 股权，成为它的第一大股东；又投资 2.98 亿元收购嘉和一品中央厨房。新希望 2016 年报显示，这两项收购分别亏损 61.52 万元和 124.16 万元。随后，新希望又购买北京嘉多乐食品科技有限公司股权，这是嘉和一品的生产车间。

此外，新希望还投资 8.09 亿元人民币，购买了美国大宗贸易公司蓝星贸易集团 20% 股权，成为其第二大股东。该公司 2016 年亏损 3890 万元。虽然新希望主要的标的是信息资产，但代价还是非常高。2016 年，新希望出资 6.16 亿元购买陕西生猪养殖企业本香农业 70% 股权。

收购业务需要时间磨合，尤其是收购的一些早期的亏损企业，使新希望的收购活动引来一些质疑。自建同样见效慢，2016 年，新希望投资设立了 35 家公司，8 家无显著变化、2 家盈利，其余均亏损，整体亏损 2359 万元。

新希望的收购和自建还在摸索过程中，正如清华大学经济管理学院朱武祥教授常说的，企业增长来自三大动力，内部培育、外部并购和合作。我们认为，新希望在第三种企业增长来源的探索，有助于回答大企业如何逃脱大企业病诅咒的问题。

四、合伙人机制：草根知本模式的尝试

(一) 草根知本的成立

2014 年年底，新希望创始人刘永好董事长看到互联网电商、O2O 发展到白热化，众多互联网创新企业飞速成长。新希望作为一个传统的 2B 农牧企业，可以顺互联网之势在 2C 业务上发力，加强终端品牌力。

刘永好找到新希望乳业负责人席刚，商讨组建一个符合消费升级的投资平台。当时的新希望乳业刚经过三四年的努力，在2C业务创新方面走在集团先锋。这是自我培育、集团外部收购外的第三种尝试，通过投资平台，对优秀企业进行投资、与其合作。

直到2015年4月，席刚才终于下定决心，接过这项肩负企业转型使命的重担。草根知本2015年7月20日注册成立，由刘永好董事长和几个合伙人共同出资8亿元，开始了一艘千亿元规模大船调整转型的尝试。

（二）草根知本的三次调整

这项尝试并非一帆风顺。

"草根知本到底做什么，最初也不清楚，刚开始我们也没有把战略定清楚，怎么走、往哪个方向走其实都没有定好，还是边走边想，边想边做，不断去摸索，中间经历了几次转折，犯了些错，走了些弯路。"席刚总裁这么回忆当时的起步。

草根知本成立后的第一年，将自己定位于一家对具有互联网基因的创业创新公司进行投资的投资公司。但几个月下来，席刚发现，出身传统企业的草根知本团队不太能敏感地发现互联网公司的价值，常常等团队看清楚、下决心了，这个公司的估值已经很高了。席刚总结，头一年的投资行为更像是"跟风"。虽然调整了早期企业价值筛选、理解的逻辑，但整体成果还是让人不太满意。

2016年，草根知本开始转向投资于人的尝试，投资了一些在外资或大型企业中有创业想法的人，他们带来团队、项目，但缺少部分资源。新希望注入资源和资金进行支援，但成果也不突出。

席刚总裁分析了三点原因。首先，外资公司人才大都个人能力优秀，但以往的成功其实很大程度上依赖外资公司的制度体系、健全的平台。"创业需要又当爹又当妈"，非常考验个人综合能力。草根知本找的很多人不成功，证明筛选条件有问题。其次，大企业高管在小公司创业，心理落差很大，导致心态很难转变，加之失去了原来体系的资源，更加重了经营困难。最后，草根知本也尝试过找些年轻的创业者，通过非常严格的条件筛选出了最优秀的新人，但欠缺经验使他们对风险的判断不太准确。

成立第二年过去了，草根知本交出的阶段性成果并不让人满意，"当时我们说大概一年赔个两三千万元。但事实上不止，我们把数字说小一点，想给自己减点压。"好在从新希望集团土生土长的干部席刚的创新能力和受信任度很高，以刘永好董事长为代表的投资人表现出充分的信任，告诫草根知本团队首先要确定正确的方向，其次就是不怕亏钱坚持到底。"如果你们敢亏，不是亏三五千万元，而是亏一二十亿元，这个平台说不定就干成了，而且会非常有价值"。

席刚带领团队开始对前两年的经验教训进行复盘，对团队的长处、兴趣点、行业趋势进行了深刻审视。发现团队是做消费品出身的，对消费升级有洞察和兴趣，这也是中国市场未来至少10年的重要发展方向。

团队之前在乳业收购过几家亏损的公司，团队沉下来深入公司做投后运营，解决被投企业的困难和问题，甚至将连续亏损10年的企业扭亏为盈，这是团队的长板。于是草根知本将战略定位确定为"消费升级行业的投资＋运营"。

团队研究了10个消费升级领域，结合团队和新希望的优势，确定了乳业外的四个赛道：冷链物流、调味品、保健品和宠物食品。除了冷链物流与乳业新鲜需求具有高度相关性之外，其他三个均是品牌多散小、国内没有明显的头部企业的行业。草根知本开始了成立以来的第三年探索。

虽然由于乳业很快上市，五大赛道中的乳业替换成了电商、新零售、大数据、社群生鲜、休闲零食等领域的合伙人公司平台，不过整体上草根知本的商业模式已经稳定下来。

（三）目前的交易模式

2017年至今，草根知本终于琢磨出一套适合团队和新希望资源优势的"控股投资平台+合伙人公司"的商业模式。

1. 草根知本组织架构及职能

草根知本在建立初期就没有被放在新希望集团旗下，而是作为新希望集团并行的兄弟公司，与新希望集团没有股权关系，以刘永好董事长和合伙人为股东。草根知本培育了五个赛道，每个赛道下又有多家公司，构成了三层结构，实际决策人就是总裁席刚、刘永好、王航三人。

这种兄弟公司的结构反映了高层的深思熟虑。无论将草根知本放在新希望集团旗下的哪个子公司或部门，都会以传统2B业务的倾向去管理创新的2C业务。集团人力资源、财务办公室等一旦管理草根知本，就很可能使草根知本团队因考核而丧失自主权和创新能力。因此，通过这种独立的兄弟公司结构，草根知本的能动性被解放，从根本上避免了传统思维对创新的扼杀。

现在的草根知本有独立的三层组织架构。第一层是管理层，负责投资和投后运营管理的草根知本团队。第二层是管理层，是在冷链物流、调味品、保健品、宠物食品、合伙人公司平台这五个赛道里成立的独立的控股投资平台，负责具体业务的管控。第三层是每个专业化的业务公司，负责品牌和业务的具体运营。

草根知本主体专注于五大赛道的控股投资发展平台，以控股的方式对优秀企业进行投资。之后进行深度的投后管理，并注入资源，使企业在已有优质资源能力的基础上迅速获得发展。

同时，作为控股投资平台的后备力量，还有若干被席刚总裁称为"小苗圃"的合伙人公司。这些合伙人公司主要来自优秀的初创公司，创始人原来在该领域就表现突出，后来出来创业。草根知本现有合伙人公司的特征，要么是偏互联网的O2O、跨境并购、电商，要么是乳业周边领域。

这些合伙人公司以几乎"一城一策"而非单一的控股方式发展。如果未来适合哪个平台，就并进去；如果不适合，就自己发展；如果最终还是发展不起来，就关闭。

草根知本团队认为合伙人公司和控股发展平台有很强的补充关系。合伙人公司就像小苗圃，投资团队不断投一些合伙公司去观察。一旦公司能长大，未来要么变成一个平台，要么并到其他平台旗下。

无论是合伙人公司还是控股发展平台，都是把原来的团队转变成合伙人、老板，更好地激发人才的创造力。

2. 合伙人制度的运作流程

草根知本在对10个领域进行深度调研后，选定了五大赛道。

选定赛道后，草根知本高层最重要的工作就是寻找潜在的合伙人，他们被称为领军人物。选定领军人物后，由领军人物完成接下来组建团队和经营等事宜。

其后就是与合伙人共同结合双方的资源能力，制定三年战略目标，并依此确定每年的滚动预算。在之后的经营中，草根知本方面以预算为目标对合伙人公司进行管理，通过红黄牌制度、授权机制等，监督促进合伙人公司完成预定目标。

之后合伙人及其团队负责经营，新希望给予充分授权，集团从管控思维转向赋能思维。"5年前，我们给予一两百项授权，很多事还需要总部批复，现在完全不同，总部只负责十几项事务，此外都是合伙人自己决策"。合伙人如果需要草根知本参与改善管理的，草根知本团队通过机制和系统帮助合伙人提高管理效率；如果不需要草根知本参与管理，则按照具体资源能力的需要配置，例如采购、财务方面。

季度会、半年会和年会时，新希望二级产业集团和草根知本体系内的企业都会参与。依照年初制定的阶段性预算目标，看哪些指标完成了，哪些没完成。每个业务单元都严格实行精准的预算制度，预算过程中可能适当调整，但年终预算一定要达到95%以上。如果达不到，负责人会得一张黄牌，两张黄牌后就升级为一张红牌。拿到第一张红牌，整个合伙人高管团队就会面临降职降薪的处罚；拿到第二张红牌，或将面临人事调整。

也就是说，草根知本赋能平台只有三项职能。第一项职能是按照双方达成的合伙人协议，监督合伙人的执行和达成。第二项职能是赋能，按合伙人企业的需求提供集团资源能力。例如，开放集中采购渠道或者财务系统。合伙公司也可以购买集团外的专业公司的服务。第三项职能是信息传达，将新希望生态系统最近的动态、新构建或获得的资源等信息传达给合伙人。

对合伙人公司来说，草根知本平台通过控股具有更高的决策力，但也通过较高股权分配和授权给予公司较大的能动性，将员工转变成合伙人、老板，实现四共：共识、共创、共享和共担。

（1）新希望选择合伙人的标准：找到共识

草根知本选择合伙人或者进行控股投资时，最重要的一项前提是，双方必须具有相同的价值观和长期的战略共识。

现在的草根知本合伙人几乎都比较成功。他们有三类来源。第一类是草根知本投资部按赛道搜寻的适合的被投企业。与草根知本理念、未来战略规划一致的，草根控股投资，根据公司情况部分会由股东继续担任合伙人。第二类是由草根知本管理层，如刘永好董事长、王航副董事长和席刚总裁，从市场上找来的最优秀的领军人物，这类合伙人本来就在该赛道中深耕多年，自己会带来资源，他们被邀请与草根知本合作创立新的企业。第三类，是从新希望近几年实行的"百千万计划"大量招募的管培生中来,很多是有工作经验的MBA,作为新希望内部合伙人加入,集团向其开放平台资源。

在考察合伙人企业时,草根知本比较看重三点。首先是合伙人本身,包括他的人品和个人能力,尤其是综合能力。其次是该细分领域的行业趋势。最后是企业增长潜力,特别是有没有可能成为细分领域的领先头马。

(2)合伙人机制的合作流程:共创机制

在草根知本合伙人机制中,合伙人主要负责整个项目的战略规划和具体运营,投入人力和精力,部分领军人物还带来产业资源或项目。

草根知本方面,除了资金投入外,还提供新希望集团的资源,包括使用新希望品牌、人才,以及新希望的研发、财务、管理系统等。

另外,草根知本总部有三大核心职能部门,分别是战略投资部、财务资本部、运营管理部。投资+投后运营是其核心模式,草根知本总部从这三个层面对各板块进行赋能。

在合作前期,草根知本和合伙人共同进行未来三年、一年规划。此时,草根知本及背后的新希望集团全力支持。"然后合伙人在干,我们在旁边看。合伙人需要帮助支持时,我来赋能。如果说一个阶段表现不佳,该纠偏时我来纠偏,但这个过程中合伙人需要释放自己的能力,让自己变成主人"。

当然,对于草根知本来说,资源是稀缺的,平台需要在100多家公司中配置稀缺资源。按照投资控股平台的资源配置规则,获得资源倾斜的企业要么盈利能力较强,要么企业价值较高或更有潜力。对平台来说,需要考虑稀缺资源向何处倾斜,被投公司并非想扩张就能扩张,它的扩张会受到草根知本持有资源的限制。

(3)收益、成本与风险分配:共享和共担

价值创造由平台和企业、合伙人共享;投资风险共担。

价值共享体现在平台和合伙人共同出资和持股中。席刚总裁提到,草根知本的持股偏长期价值投资，短期内不会考虑退出，长远会适时退出。

草根知本控股投资平台以控股为主，合伙人持股比例有40%、50%，偶尔可以更高。合伙人持股比例多少主要取决于价值贡献。如果公司对新希望的资源需求量很高，更依赖于新希望，那么草根知本控股；如果公司更多是全新的业务，合伙人占股比例会相对多，草根知本也可以不控股。

草根知本之所以以控股投资＋运营的方式为主，主要有三个原因。一是为了品控。因为合伙公司利用了新希望的品牌和渠道，食品安全问题对于新希望的损害远大于对被投企业本身。控股可以在关键问题，例如，品控、战略定位等方面，掌握话语权。二是控股关系更能实现新希望全产业链的信息化，提高对产业链的驾驭能力。三是股权投资占比高，可以让创业团队把精力放在经营上，而非募资。

被投企业和新希望还各有其他收获。

新希望发掘了第三种企业增长方式来源——赋能合作。经过两年的探索，草根知本平台在消费升级领域布局，营收过亿元，孵化了第一个上市公司，从增量上达到了与内部培育和外部收购相当的贡献。

除了获得增长外，草根知本"反过来对原来的业务也有一些触动"。草根知本平台上的被投企业，几年内迅速做出规模、业绩、市值，新希望体系内部原有子分公司会有"危机感"。这种危机感来自追赶行业标杆的增长速度差异，来自新希望稀缺资源内部配置竞争，而非同一母公司下不同薪酬的攀比。"通过这种机制大家不用扬鞭自奋蹄"，共同在平台上争取资源和支持。

3. 草根知本平台机制的主要风险

草根知本平台，尤其是合伙人公司机制下的主要风险有两项。

首先是领军人物的风险。"人选错了是我们最大的风险。"刘永好董事长和王航副董事长的主要工作就是选领军人物，选错了领军人物是投资失败的最主要风险。为了减少选错人的风险,草根知本非常看重合伙人的人品和综合能力,以及合作双方是否具有战略共识,这甚至比被投企业的规模和价值更重要。

其次是战略风险,即赛道风险。草根知本投入大量时间精力选好赛道。好的细分领域,加上精挑细选有共同价值观的合伙人,之后与领军人物一起制定战略目标和阶段性预算,形成利益共同体,逐渐扩大领导班子。这是草根知本应对选错人风险的两个风控措施。

(四)草根知本的尝试成果

2015年7月投入8亿元成立的草根知本平台,2017年初发力投资平台业务时,除了注入的原有乳业业务,其他四个业务完全是新赛道——冷链物流、调味品、宠物食品、营养保健品。

新希望乳业2017年上市,作为"鲜"乳业升级发展重要基础的冷链物流,是草根知本首先选择的赛道。冷链业务最初是支撑乳业,以鲜生活冷链为主,主要做城市仓配。在冷链赛道,草根知本自建和并购相结合,从外部引进优秀的冷链物流领军人物作为合伙人,在这一助力下,到现在平台上已发展了30多家冷链物流公司,冷链成为目前草根知本营收体量最大的赛道,大部分业务来自集团外部。

调味品业务是2017年后布局的。万亿元级规模的餐饮行业亟待升级,而调味品行业的企业高度分散,多数都被地方调味品企业分割,品牌比较多、规模小,头部企业少。这个行业首先有升级需求,其次有整合的机会,未来有很好的增长潜力。调味品业务以新希望味业为主体,调味品业务板块并购了几家川式调味品,其中不乏一些历史悠久的品牌,包括川娃子、金福猴、国酿等。这几家调味品公司主要以复合调味品为主,例如,钵钵鸡调料、火锅底料、豆瓣酱以及腐乳等。同时,为了调味品业务板块有更好的发展，草根知本还在调味品控股公司旗下设立了新味来、新滋味以及时代餐创等新公司，以此支撑调味品业务的发展。

保健品业务也是2017年后布局的。这几年跨境电商迅速发展，中国消费者对保健品的认知有很大转变，保健品不再局限于老年人，更多年轻人开始吃保健品。随着消费水平提高，人们不仅希望活得好、活得更久，还要活得更健康。国内保健品市场鱼龙混杂，疫苗事件、权健事件，包括一系列保健品问题暴露出来后，保健品行业出现了一个重新洗牌的机会。保健品业务以新控国际为主体，收购了澳大利亚一家保健品企业澳恩禧（Australian NaturalCare，ANC），还在国内控股了一家相对传统的营养保健品企业三勒浆，基于三勒浆的供应链基础，推出了几个新品牌，包括溯养、Big Buff、简益餐，分别主打益生菌、抗疲劳以及健康代餐类的产品。

宠物食品是2018年布局的板块。中国宠物食品发展比较初级，但现在中国养宠物的人越来越多，基于人口变化和消费习惯，宠物行业有着非常好的机遇和发展前景。草根知本的宠物食品赛道以猫宁宠控为主体，目前从食品、用品以及互联网平台都在布局，包括海洋之星、喵哆啦、乐宠等。

原来五大赛道之一的乳业成功上市后，被替换成了消费升级的合伙人公司平台。除了上述四个赛道之外，还在电商、新零售、大数据、社区生鲜、休闲零食等领域有布局，建立了多家合伙人公司。

在确定商业模式的第三年，草根知本平台目前子分公司超过百家，合伙人公司7家。2019年营收规模约100亿元，外部估值超过200亿元。虽然营收规模还不算很大，但这种一城一策、深度投后运营和赋能合作的方式，为新希望集团持续增长探索出了一条可行的路径。

到2019年11月，新希望已经有100家左右的合伙人企业、400个左右的优秀合伙人，已经摸索出一套将员工转化为合伙人、激活创新和新业务增长的方法。

五、农牧业板块的内部竞争系统：新希望的红蓝军

新希望对大企业病的应对，除了投资平台、合伙人机制外，还有红蓝军的竞争机制，这是稍晚于草根知本的第三次组织机制转型。2017年底，新希望开始实施蓝军机制，以快速填补红军未完成的布局，并在全国推广。

蓝军由全新的团队组建，他们拥有独立的创新空间。新希望集团只是提供资源为蓝军赋能，蓝军的自主性非常高。

以养猪事业部为例，现有五支队伍一起养猪。它们是五家完全不同的没有股权关系的公司，形成了内部PK机制。除了原有团队外，新希望还找了一些新的合伙人来开发新业务。有的按照区域划分，在同一个区域，用不同的团队和业务模式去推广、打市场。红军不行，蓝军再上。"今天在这个市场中，你不做，竞争对手也会做，时不我待。如果新希望内部不竞争，外部也会把你淘汰掉"。

当然，新希望在其中也会做协同，避免红蓝军在市场上进行恶性竞争。例如，针对养猪事业部，新希望划分了一些区域，各个区域按照红蓝军各自的不同方式来经营。将同一市场上恶性价格战，转化为不同人、不同团队、不同方法的内部良性竞争，比学赶帮超。有时有一些交叉区域也不排斥。有些区域红军去了，或者资源不足以使团队盈利，或者没成功进入市场，新希望会鼓励蓝军去同一区域尝试。

蓝军机制也是一种良好的激活内部方式。一方面投资和赋能蓝军，一方面也对内部的红军形成危机、形成压力。

蓝军机制是合伙人机制的下一步。通过合伙人机制促进合伙人创新和企业发展。发展到一定阶段，收入可观，容易产生惰性，用蓝军机制去内部竞争，可以激发内部企业效率提升。

六、从公司到平台

新希望成立以来，以现任董事长刘畅上任为界分为两阶段。刘永好董事长在任期间以饲料大王为目标，在工业化、集约化、规模化、信息化上走在行业前列。刘畅上任后，则以农业综合服务商定位，开始向品牌、平台转型。成立伊始的经营好一家工厂，变成经营好一条产业链，到现在往经营好一个平台发力。

新希望的发展历程，体现了长期主义和价值共生的经营理念。新希望的业务可以清晰地分为两块：一块是农业基础业务，37年坚持不动摇，并不断加入信息化、新技术，拓展渠道，贴近市场，建设品牌，在长期坚守中走得更远。"农业是基础产业、规模产业，你要不断地提升运营效率，保证你的基石是稳的。同时，用蓝军机制激活现有组织"。另一块是创新业务，在消费升级的大方向上，新希望摸索出了适合自己的控股投资平台、合伙人机制和激活内部员工和企业的方式，用价值共识共创共享共担的方式培育未来3～5年的新的增长业务。

在通过合伙人机制激活员工能动性后，新希望这家营收千亿元规模企业总部变得更精干。总部只有120人，包括人力、财务、法务、品牌沟通、公共事务、审计监察、金融事业部等10个职能部门，每个部门10人左右。在全国同样员工规模和千亿元规模的企业中，这是人数最少的总部之一。

总部只要做好三件事。第一，确定战略和方向，集团做哪些、不做哪些。第二，作为大平台赋能，赋能内容包括人力资源、资金、品牌等。第三是风控，在合伙人发展过程中，管控过度或过快投资，管控运营效率提升，管控文化价值观。

七、专家洞察：行业领军企业的发展模式

行业头部企业都在思考和探索如何激活组织，在主业领域实现持续发

展和价值提升；同时，又利用自己积累的资源能力，抓住新的发展机遇。从 B2C 的海尔集团的人单合一，到 B2G 的新奥集团的战略投资人，都在重新定位企业的角色，创新组织模式，新希望给出了第三种探索：现有主业业务发展环节的内部竞争＋外部新业务培育平台模式。

作者简介

朱武祥（电子邮箱：zhuwx@sem.tsinghua.edu.cn），清华大学经济管理学院金融系教授，魏朱商业模式理论联合创建人，清华大学商业模式创新研究中心主任。研究领域：公司金融、商业模式、产业金融、政府金融。著作：《超越战略：商业模式视角下的竞争优势构建》《透析盈利模式：魏朱商业模式理论延伸》《商业模式的经济解释Ⅱ》《商业模式的经济解释Ⅰ》《重构商业模式》《发现商业模式》《中国股票市场管制与干预的经济学分析》《中国公司金融学》等。

谭智佳（电子邮箱：tanzhj.15@sem.tsinghua.edu.cn），清华大学经济管理学院金融系博士生。

第三章

晶澳模式与未来展望

晶澳——全球光伏组件出货量第二的产业龙头,这家企业以"开发太阳能,造福全人类"为使命,以 A+ 的战略成长模式与执行力,致力于推动中国清洁能源行业发展,不断为人类社会的可持续发展做出贡献。

| 专家解读 |

晶澳的长期主义与价值共生

一家公司要在行业中崭露头角并获得可持续的竞争力,就一定要有融入环境、连接资源、贡献价值的理念与能力。这种理念与能力要求企业有长期坚持的基于社会责任的价值观,能够包容环境中各种因素与利益诉求,创造性地连接资源协同共生,实现包容性增长。

晶澳的成长与竞争力体现了这一理念与能力。公司确立"开发太阳能,造福全人类"的使命,让光伏产品可以成为普通百姓用得起、用得好的新能源。这体现了公司社会责任感与价值担当。为了践行这一责任与担当,公司立足自主创新作为公司以获得行业 A+ 能力,确立 6A 引领的战略发展模式,并将包容性文化、高管战略定力、创新驱动深度嵌入市场全球化、产品价值化、资产证券化、管理数字化和企业平台化的"五化"战略执行当中。

由此，晶澳正逐步构建一个共创、共享、共赢的生态系统，并凭借持续的技术创新、稳健的财务优势、发达的全球化销售与服务网络，成为持续成长、全球领先的光伏系统解决方案的贡献者。

——乐国林

青岛理工大学教授

质朴成大器：晶澳的 A+ 战略成长模式

/ 青岛理工大学教授 乐国林

一、晶澳发展概述

2005 年晶澳创始人靳保芳三顾茅庐，引进澳大利亚太阳能专家团队，创立晶澳，比较快地掌握了太阳能光伏电池领域先进的技术并实现了产业化。公司在成立的短短两年内就在美国纳斯达克证券交易所上市，以"晶澳速度"实现了太阳能企业最快上市的纪录。

其后公司像其他光伏企业一样经历了该产业一波又一波的全球新能源产业发展的波峰波谷。但企业坚持在主航道发展，"开发太阳能，造福全人类"的使命与战略定力始终不变。公司通过对人才、科研、技术、产品的战略投入，对产业结构与商业模式的不断创新，度过了多轮产业危机，实现了高速增长。其中，2011～2014 年组件出货复合增长率高达 83%，组件出货量在 2015～2019 年连续 5 年排名全球前五位，其中 2018 年、2019 年蝉联全球出货量第二名。公司的技术能力与成长性得到市场与投资者的青睐，2007 年 2 月，晶澳太阳能成功在美国纳斯达克证券交易所上市，之后公司从美股私有化退市并在 2019 年成功登陆 A 股市场（证券简称："晶澳科技"。公司证券代码：002459）。

公司自 2011 年起主营业务由电池向组件转型，2012 年晶澳首条组件生产线投产运营，实现纵向一体化的延伸。公司不断布局海外的光伏制造和客户市场，2014 年晶澳在马来西亚建立光伏电池生产基地，2016 年在越南建立硅片生产基地，再加上海外代工组件，晶澳已经在海外形成了完整的光伏产业链，在全球化道路上实现了质的跨越。目前，晶澳海外销售占比在 70% 左右，全球客户分布在六大洲 120 多个国家和地区，用户数量达到 33 000 个。晶澳还积极连接上下游客户，构建共创、共享、共赢的生态价值系统。目前，晶澳先后加入中国光伏行业协会、新能源国际投资联盟、中国机电产品进出口商会（副理事长单位）等，协会和联盟有利于发挥光伏企业各环节优势，晶澳与行业内各企业构建了一种长期稳定的合作模式，目的是实现整体价值最大化和推进光伏产业的快速发展，而非注重单纯的一次性交易。

在推动技术与产品创新的同时，公司不断推进企业管理创新，特别是随着物联网时代来临，企业的组织与管理正在发生深刻变革。为适应时代变化，公司提出通过"市场全球化、产品价值化、资产证券化、管理数字化、企业平台化"，推动晶澳在万物互联时代腾飞。晶澳力争通过科技创新、模式创新、组织变革、管理创新和供给体系优化，重塑能源生态，引领行业发展。

二、晶澳战略成长的"质朴 A"原理

在传统经典《道德经》中，老子对于"朴"情有独钟，并赋予了深邃内涵，他将道视为"无名朴"，并指出朴具有成器与治世之首的功效——"朴散则为器，圣人用之则为官长"。可见，质朴不是粗陋、浅薄、土气的"装饰"，而是初心、自然、诚朴、执着的精神流露。晶澳虽然是一家从事光伏能源而"光鲜"十足的高科技企业，但我们驻足其间和与员工互动中，能感受到晶澳的质朴精神和质朴价值观已经内化于心外化于行。

将朴素的大道融于价值创造，成为行业领先的 A+ 企业，这成为晶澳

的价值初心。"开发太阳能，造福全人类"，这句话虽然是朴实的大白话，但它体现了晶澳的使命与行业担当。晶澳怀着质朴的使命初心，执着坚持在太阳能领域不断进行技术和产品开发，本着精工制造的质朴坚守，用服务为客户创造价值，就一定能成为太阳能开发领域的 A+ 企业，就一定能让光伏产品可以成为普通百姓用得起、用得好的新能源。

由此，晶澳成为光伏产业的技术与产品风向标、贡献与价值引领者便是瓜熟蒂落、顺其自然的事。这可以称之为晶澳的"质朴 A"价值原理。由此，"专心致志搞太阳能事业，拒绝外界诱惑"成为晶澳公司长期坚守的主业经营准则。

三、晶澳 A+ 战略成长的两大定力

（一）真诚、质朴、感恩的包容性文化成为公司成长的文化定力

近年来，随着新生代员工群体出现和互联网商业兴起，个体价值、自主参与和多元共享日益成为一种社会和组织中广泛存在的态度和行动导向，而基于"机会均等和成果共享"的包容性增长方式逐渐成为经济增长与企业发展的趋势。越来越多公司在企业文化中引入包容性文化因子，在公司内确立共同享有的价值观、信念、行为举止，满足员工的归属感需求，在公司建立尊重、合作、协同和价值共享的包容性关系。晶澳的历史与现实都体现着包容性组织文化的内涵。

进入晶澳，可以感受到公司具有一种诚朴的包容性文化氛围。公司确立的"真诚、质朴、感恩"企业精神和行事方式，是晶澳成长与发展的文化密码，也是员工一致认同的公司发展的生命力所在。晶澳的包容性文化即由公司这一企业精神和行事方式所塑造。

晶澳以真诚、质朴和感恩的组织亲和力凝聚员工，满足员工的合理需

求，尊重员工的劳动付出与观点主张，充分感谢与奖励员工的价值贡献。上下级之间、同事之间的沟通和相处必须以真诚、质朴为行为准则，不说假话，坦诚对话，真诚相互帮助，自觉监督自己，看到和鼓励同事的进步，由此形成"亲情般和谐关系"。晶澳鼓励和奖励员工主动为公司奉献，特别是发现不足并提出改进措施的行为。公司生产中的许多生产程序、生产工艺、安全细节、设备改造等问题都是员工基于对公司忠诚、对工作质朴的负责态度发现和解决的。公司每年举办"平凡的人给我们最多的感动"分享会，让全体员工推荐和分享员工工作中的感人故事，公司对此表示感恩并予以特别奖励，由此增强员工的相互包容、接纳和高度信任。

晶澳长期以真诚、质朴、感恩的文化理念接纳合作与竞争。晶澳的包容性文化，不仅体现在公司内部，也体现在公司与外部关系上。晶澳在创业与战略成长过程，始终以真诚、质朴、感恩赢得商业伙伴与客户的认同、信任，由此创造双方共赢的合作机会。晶澳及其母公司晶龙集团在创业与发展中，为了获得行业内技术人才，塑造核心竞争力，不仅三顾茅庐寻访人才，用真诚和质朴的姿态与沟通方式获得伙伴的认同，而且充分尊重知识产权，以股权合作方式建立彼此的价值分享机制，赢得商业伙伴的信任。晶澳创立过程中，创始人靳保芳不仅多次到澳大利亚拜访光伏领域的科技专家，邀请他们共同创业，而且以技术参股形式成立晶澳，从而吸引到澳大利亚新南威尔士大学一个科学家团队到中国来创业，使晶澳很快在硅片领域建立起自己的技术核心能力，公司成立不到两年就在美国上市。

（二）英雄领袖的战略领航塑造晶澳的战略定力

管理学家陈春花教授在对国内大量先锋企业案例进行研究后指出，企业家特别是创始企业家的英雄领袖领导风格是任何企业创立、成长和领先的前因变量。他们的英雄领袖领导始于具有使企业长期发展的使命感和对行业的责任与担当，他们有引领行业的战略远见，善于发现或获得行业市场机会，通过发展他人、发展自己实现企业战略目标。

就晶澳的创业发展历程而言，公司创始人兼董事长靳保芳的英雄领袖型领导力无疑是公司创立、成长和领先的中流砥柱，是战略竞争力和真诚、质朴、感恩企业精神的核心塑造者和维系长期战略定力的定海神针。董事长靳保芳的企业家个性能力和长期深耕能源领域的工作经历塑造了晶澳的成长特性和战略定力。

第一，晶澳的企业精神始于创始人真诚、质朴的领导与行事风格。

靳保芳在一次接受采访中，探讨评价一个人的人生是否成功时，说道："应当首先看他是否拥有正确的价值观……一个人的价值观决定了这个人的一生，诚信是最重要、人人都应具备的价值观。"靳保芳将这种价值观贯穿于企业的创业发展中，在与日本伙伴的贸易中为了不因客观障碍耽误向日本公司的货物交期，影响公司信誉，他放弃了海运而选择自己掏3～4倍海运运费走空运，赢得了客户的信赖。在与日本松宫公司合资合作时，后者核定后的员工生产定额薪酬增长机制下，员工最高工资可以超越总经理。有人提出应该提高生产定额标准，从而提高绩效工资门槛。靳保芳拒绝了这个建议，认为定额就是企业与员工之间订立的约定，无论员工工资增长到多高，在约定期限内都必须遵守。"讲诚信，就要甘于付出代价。"而这个代价反过来让晶澳凝聚了人心和信任。

真诚和质朴通常是一对孪生姐妹，在真诚之外，靳保芳另一个重要的职业品质便是"质朴"。这种质朴体现在两个方面：一是兢兢业业做事，无论是做临时工、做办事员，还是当电力局局长，乃至成为企业家，靳保芳始终把吃苦、勤奋、敬业作为做好工作的基本素质和习惯，"干什么像什么，干什么就一定要干好它"；二是质朴生活堂正做人，无论有多少财富，靳保芳始终保持朴素生活，轻衣简从，不搞排场，个人的事从不让同事和下属操心。这种真诚待人、严于律己的诚朴价值观与行事风格，塑造了晶澳真诚、质朴、感恩的企业性格，"堂堂正正做人，兢兢业业做事"就是"质朴A"的来源，晶澳因此赢得了员工、人才和商业伙伴的高度认同和信赖。客户评价晶澳时说："这是一家做事靠谱的公司"。

第二，坚持能源主航道并保持永争A+的战略发展定力。

靳保芳早期在宁晋县电力系统工作并担任领导职务，从此与能源结缘，下海经商通过摸索最终定格在太阳能开发领域。这不仅仅缘于公司——宁晋晶隆半导体厂成功踏入太阳能材料领域的创业经历，更缘于靳保芳对太阳能产业光明前景的坚定信念。靳保芳认为无论是从世界能源危机、气候保护的共识、太阳能研究科技发展，还是从太阳能技术普惠百姓、国内外太阳能产业增长态势和我国发展新能源国家战略来说，太阳能光伏产业都是个"有点阳光就灿烂……造福子孙后代的大事"。因此，晶澳把"开发太阳能，造福全人类"视为公司的使命和愿景。

靳保芳在公司发展战略定向上一直坚持在太阳能光伏产业链主线进行战略性投资，获取战略性技术与人才，从不偏离光伏能源产业领域的主航道。在主航道领域，靳保芳不满足于企业生存和小有成就，而是厉行其一贯坚持的"不仅能干事、干成事，还要干大事"的质朴争先的做事风格。无论是在年轻时从事的电力工作、农机工作，还是在晶龙、晶澳的创业中，靳保芳始终保持质朴争先不服输的干劲，他所从事的工作和所领导的单位都达到了A级标准，成为标杆和示范。在光伏产业领域，他不断创新体制机制，率先引入外部人才和技术，激活在拉晶、铸锭、硅片、太阳能电池和组件等光伏产业链方面的创新活力，建立了自己的竞争优势，使晶澳在技术领域成为中国光伏产业的"黄埔军校"，在规模和影响力上被誉为中国"硅王"，成为中国乃至全球的光伏组件的"王牌A"。

四、晶澳 A+ 战略成长的两大能力

企业成长的文化的战略价值最终要落在核心能力获取与经营实践当中,想干事更需要能干事和干成事。晶澳的战略发展路径最终落子在创新驱动和战略执行上。

(一)创新驱动塑造了晶澳的 A+ 能力

晶澳一直"坚守本心,创新驱动",用创新模式助推企业增值。靳保芳在总结晶龙和晶澳的发展经验时认为:"企业的成败在于能否坚持自主创新、打造核心竞争力。"任何一个企业不能仅靠一种产品打天下,不能仅仅依靠降成本、提质量来获得核心竞争力,晶澳把自主创新作为公司获得行业 A+ 能力,保持技术和性能领先优势的长期战略。晶澳在创新驱动塑造 A+ 能力上逐渐形成自己独特的经验和做法。

一是价值分享,开放式创新。晶澳及其母公司晶龙集团从创建开始就极为重视外部创新资源和成果的创造性引进,形成自己的核心技术能力。无论是早期和河北工业大学针对单晶硅技术与材料的合作,与日本松宫合资,还是后来引入澳大利亚新南威尔士大学太阳能研究中心的合资合作,都体现了靳保芳及其所在公司站在全球视野矢志创新,尊重知识与人才,充分吸纳外部技术创新成果的转化,创新价值分享制度与机制,从而塑造了晶澳公司在太阳能全产业链领域关键节点的核心竞争力。

二是坚持"以企业为主体,以市场为导向"的自主创新准则。企业不能基于研究的兴趣、科学的好奇心而自由随性地开展研究与创新。这种研究和创新容易偏离企业的战略目标和面临的竞争压力,耗费企业的大量资源,并可能使企业进入技术发展的误区,从而带来巨大的技术风险。因此,晶澳确立了以企业自己的专家、技术人员为主的自主创新主体;在技术创

新导向上，坚持围绕市场客户需求，解决客户的痛点问题，开展攻关研究，获得市场与客户的认可，从而提升创新的产业绩效。在这一创新准则的指导下，晶澳的科技创新使其在组件效率和量产能力上持续领跑全行业，2018年晶澳的电池产销量全球第一，组件出货量全球第二。

三是创新企业技术创新的体制机制。创新需要超前思维、大规模投入、创新人才梯队，更需要好的管理体制机制。换句话说，创新也需要管理。在这方面晶澳一直走在行业的前列并形成了一套行之有效的管理制度与方法。晶澳属于光伏行业的研发投入大户，近年来每年的研发投入超过5%，并且区分了技术与产品研发投入，和工艺装备技改的投入比例，使研发具有更好的结构层次。晶澳还在国内同行中最早专门制定《科技创新条例》，成立科技创新委员会，为企业科技创新创造公平的竞争环境，设立技术改造和创新奖励，激励员工的群众性创新，鼓励"小改小革、微创新"。最后，晶澳十分注重与外部研发创新力量的创新合作机制，除了购买技术专利，基于股权合作的价值分享机制外，晶澳还确立了"科学家+企业家"和企业首席科学家的自主创新模式，企业一把手和高管经理人、外部联席专家一起，推进公司的科技创新。

（二）A+管理让晶澳具有良好的战略执行能力

再好的战略设计和文化愿景，如果缺乏有效的组织运行模式和管理机制，就只会停留在纸面的文字当中。而晶澳不仅有高瞻远瞩的理想与使命、有战略规划与定力，而且有高度的战略执行力。公司高管认为晶澳的企业信念与精神得到公司各个层面员工的认同，同时，靳保芳董事长的领导魅力和行事风格，对公司全体上下具有强大的感召与示范效应，由此，整个公司具有了高度的凝聚力和战略执行力。只要确立好公司的组织运行的模式与管理机制，企业就能简洁高效地运转。

晶澳在回顾公司成长与发展之路、总结公司的经验和展望未来发展道路时提出，晶澳自成立以来，始终坚持"开发太阳能，造福全人类"的使命，在整体战略的落地和管理上创造了独具特色的基于生态的"A+"管理模式（见图3-1），并辅之以市场全球化、产品价值化、资产证券化、管理数字化和企业平台化的"五化"，使"A+"管理模式具有执行的抓手。

德鲁克在《管理的实践》中提出任何企业都必须回答三个问题：我们的事业是什么，我们的事业将是什么，我们的事业应该是什么。对这些问题的回答即对企业存在的生命价值的诠释，是企业文化的立基所在。晶澳以"Aspiring"的含义展示了公司高瞻远瞩的使命和愿景，即以"开发太阳能，造福全人类"为使命，以"做光明使者，成就百年伟大企业"为愿景。公司处于中华民族伟大复兴的时代，立志成为行业领先企业，承担行业社会责任。这就是晶澳作为光伏行业企业存在和发展的初心和使命。

图 3-1　晶澳 A+ 模式图

在这一初心和使命下，晶澳如何凝聚人才人心，如何对环境与行业做战略布局？晶澳在企业文化上提出以"Appreciative"为代表的"真诚、质朴、感恩"的企业精神，认为无论是一家企业还是一名员工，都"唯其真诚，方能尽质朴之本性，进而'尊德性而道问学'，以此知晓并敬畏天道，感恩世界"。晶澳以此善待员工、客户和商业伙伴，其"堂堂正正做人，兢兢业业做事"的文化品质和企业性格赢得了外部客户的赞誉和商业机会。接着，晶澳以两个"A"刻画其战略布局，即"Amicable"，做绿色生态友好事业，以生态友好显示企业的生命力、社会责任和竞争力；"Allied"，与客户、商业伙伴乃至竞争者"协同连接，价值共生"，通过协助客户创造价值从而实现晶澳的发展与强大。两个"A"体现了晶澳从整体生态系统的角度来思考晶澳要成为一家伟大公司和百年企业，应该如何嵌入环境，确立何种健康的商业生态关系，如何实现自身的价值。这是对德鲁克追问的进一步回答，也让晶澳在光伏产业既高速发展又具有高度不确定性的产业环境中找到了自己的战略确定性。

最后，晶澳要践行与实现其提出的使命和战略，核心要依靠什么？公司提出"Alter"和"Ahead"2个"A"。前者指要在研发和技术上不断变革，"守正出新"；后者指要在管理方面做到价值引领，平台赋能。在研发和创新上，晶澳就是要坚持在光伏能源制造方面纯朴守正地发力，持续开展科技创新，走在行业前端，引领行业发展。在经营管理上用"价值引领，平台赋能"实现公司运营的不断转型升级，晶澳始终坚信产品只有拥有了社会价值、客户价值，才能体现企业价值和员工个人价值。为了做到价值引领，晶澳提出在光伏行业跌宕多变的环境中，公司应通过贯彻市场全球化、产品价值化、资产证券化、管理数字化和企业平台化这"五化合一"的生态运营管理体系，做到价值引领，始终处于行业第一梯队。

晶澳的A+管理模式将企业的使命愿景、战略布局、企业文化与战略执行有机融合，它既是对晶澳创业成长的历史经验的总结，也是晶澳面对当下和未来的战略指南。

五、专家洞察：晶澳 A+ 战略成长内在逻辑

太阳能光伏产业，作为21世纪清洁环保能源的主导方向，应该具有光明美好的前景，然而纵然前景美好，但光伏产业自诞生至今已经经历了多轮产业"过载"、供需失衡、贸易与政策环境限缩，使该产业呈现极具投资价值又极具投资风险的冰火涅槃特征。在多轮的荣耀与灾难并肩的光伏产业"冰火周期"中，许多光伏企业如流星般闪耀与熄灭，但晶澳和晶龙集

团却始终"挺头摆尾"①,矗立在产业头部方阵,此中必有其强大的内生成长能力与长青逻辑。

通过前述分析我们揭示了其战略成长、产业领先的四大利器。A+管理模式是企业自身的实践,即企业管理的经验事实,我们将成长四大利器与之结合,再通过经验总结与科学管理分析,得到晶澳A+成长的内在机理,即企业管理的理论逻辑(见图3-2)。

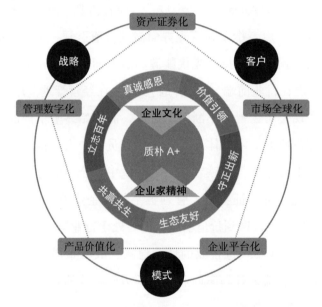

图3-2　晶澳质朴A+成长的内在机理

首先,晶澳的企业文化与企业家精神蕴含A+成长基因。

晶澳从事推动能源发展的"高光"事业,其技术产品洁净光鲜,生产过程精益智能,但整个公司行事风格和领导形象却一直给人真诚质朴、低调干练的深刻印象。公司从河北县域宁晋创业起家,逐渐发展成为全球光伏行业执牛耳的跨国公司,但来自宁晋乡土的"真诚、朴实、不忘本(感

---

① 意思同昂首挺胸,语出自晶澳董事长靳保芳。

恩)"的文化基因没有变化。"真诚、质朴、感恩"企业精神和行事方式，是晶澳与晶龙集团成长和发展的文化密码，也是员工一致认同的公司发展的生命力所在。老子推崇朴实之道，他认为"朴散则为器，圣人用之则为官长"，朴实持恒广用可以转化为领导、领先的"官长之器"。晶澳能够连接外部战略资源，快速实现海外上市，技术和产品行业领先，特别是挺过多次全球产业危机，无不与晶澳人将"真诚、质朴、感恩"化之于行动，转化为组织的强大内生力息息相关。

企业文化的产生和形成不仅仅与这个企业成长竞争轨迹相关，更与企业的领导者特别是创业企业家的特质密切相关。从一定意义上来说，企业文化的基因就是企业家精神基因的再建构。晶澳真诚、质朴、感恩的企业文化的形成、晶澳历经产业震荡波动而依然处于行业领先，无不是企业创始人靳保芳"质朴成器"、因势而为、坚守定力、实干有为、亲和包容的结果。靳保芳"堂堂正正做人，兢兢业业做事"的正能量与低调朴实的领导风范，以及踏实勤奋巧于创新的事业抱负，塑造了晶澳人从高层团队到基层员工群体的性格特点和行动气质。

当这种性格气质体现为企业战略的定力坚守，"朴散而为官长"的行业领先地位也就道法自然了。

其次，战略与模式的融合奠定晶澳成功模式。

战略大师迈克尔·波特指出战略对企业长远发展和建立优势的重要性，他说："战略是要选择什么样的做法可以使你与众不同、独一无二，通过不同的方式和你的竞争对手展开竞争。"波特的战略观启发我们对企业战略设定的理解：战略指向竞争力，战略是做法与模式（方式）的统一。晶澳的成长领先就是"立百年企业、生态友好、价值引领"的战略愿景与 A+ 战略模式在管理实践与市场竞争的成果。晶澳以"Aspiring"的含义展示了公司高瞻远瞩的使命和愿景，即以"开发太阳能，造福全人类"为使命，以

"做光明使者，成就百年伟大企业"为愿景；并进一步将以"Appreciative"为代表的"真诚、质朴、感恩"的企业精神与晶澳的企业使命愿景融合；接着确定以两个"A"刻画其战略布局，即"Amicable"，做绿色生态友好事业，在全球环境治理、能源供给和变革等方面扮演着重要的角色，"Allied"，与客户、商业伙伴乃至竞争者"协同连接，价值共生"，通过协助客户创造价值从而实现晶澳的发展与强大；最后，晶澳认为实现战略布局必须在"守正创新"（Alter）和"价值引领"（Ahead）上下功夫。"守正创新"就是在坚持合规经营的基础上，在技术创新、业务创新及管理模式创新上始终走在行业前端，引领行业发展；"价值引领"就是晶澳产品只有拥有了社会价值、客户价值，才能体现企业的价值和员工个人的价值。

最后，以"五化"贯彻企业的 A+ 战略与模式。

为支撑战略目标的实现，将 A+ 战略与模式落地生根，晶澳提出了市场全球化、产品价值化、资产证券化、管理数字化和企业平台化的"五化"管理原则。坚持"技术创新引领发展，优异品质赢得客户，成本控制提升竞争力，完善服务创造价值"的理念，以市场为导向，以人才为支撑，借力资本，全球布局，创新驱动，把晶澳建设成以光伏高端装备制造为核心、全球领先的光伏系统解决方案供应商，构建一个共创、共享、共赢的生态系统，全面推进光伏产业升级。"五化"管理原则具体体现在以下方面。

在**市场全球化**方面，晶澳积极整合全球市场、制造、人才、资金、研发等资源，扎实推进研发、生产制造和销售的全球化布局，推动晶澳成为全球有影响力的国际化光伏领军企业。在**产品价值化**方面，晶澳以提升产品价值为目标，以创新促发展，在不断满足社会、客户需求的基础上，实现企业和员工价值，并持续保持行业的领先地位。在**资产证券化**方面，晶澳在保障资金安全的基础上，通过资本运作，促进产业发展和实现资本价值增值。目前，晶澳已经成功借壳上市（A 股），这为晶澳的二次腾飞加油助力。在**管理数字化**方面，建设基于工业大数据技术的智能制造及运营管理信息平台。目前，晶澳获批工信部智能制造试点示范项目，未来大数据、云计算、人工智能等将在所有基地进行推广，并推动晶澳在光伏行业内持续处于领先地位。在**企业平台化**方面，晶澳不断汲取优秀的传统文化精髓，并给予各事业部和平台充分的授权，有效提升团队奋斗意识和激情。晶澳在逐步成就伟大企业的同时，也为员工创造了更大的发展平台和更多的成长机会。

随着新工业革命到来，新一轮的能源发展将呈现绿色化（清洁能源为主）、分散化（分散式发电为主）、互联化（板块互联）和高效化（利用效率提升）的特点。能源企业则需不断变革，以适应能源发展趋势特点，通过科技创新、体制变革、供给体系优化重塑能源生态。晶澳的 A+ 战略管理模式也在不断地迭代创新，成就伟大的事业和伟大的企业。

作者简介

乐国林（电子邮箱：guolinyue@126.com），南开大学管理学博士，华南理工大学管理科学与工程博士后，青岛理工大学商学院教授，学校科技处副处长，中国管理模式 50 人＋论坛创始成员，主要从事本土文化与管理思想、企业成长与战略管理研究。

第四章

飞鹤模式与未来展望

飞鹤——中国成立最早的奶粉企业之一,始终坚持生产"更适合中国宝宝体质"的奶粉,2018年飞鹤成为中国婴幼儿奶粉行业首个营收突破百亿元的企业,荣膺国产婴幼儿奶粉第一品牌。

| 专家解读 |

飞鹤的价值观与经营理念

飞鹤一直专注、专精在婴幼儿奶粉这个细分领域,秉承对消费者高度负责的价值观和长期主义、价值共生的经营理念,注重产品品质,表现在:①从牧草到奶源到工厂的技术路线、设备选择,飞鹤都基于保证产品高品质而不是低成本的原则;②飞鹤把自己的角色定位为产业集群的组织者、产品的集成者、价值捕获的主导者,构建了从牧草到奶源的产业链软一体化合作模式,与奶源、牧草企业形成共生体,通过赋能服务,提升了产业链前后端企业的效率和收益,与经销商、供应商和消费者结成了紧密共生的战略合作伙伴。

——朱武祥
清华大学经济管理学院教授
——朱婧雯
清华大学经济管理学院博士生

在"长期主义 + 价值共生"的坚守中凤凰涅槃

/ 清华大学经济管理学院教授 朱武祥
/ 清华大学经济管理学院博士生 朱婧雯

一、飞鹤发展概述

飞鹤前身是 1962 年成立的黑龙江省农垦总局下属的赵光农场老八连乳品厂。2001 年,冷友斌等人持"飞鹤"品牌转至齐齐哈尔市克东县,成立黑龙江飞鹤乳业有限公司,开启二次创业之路。2003 年,飞鹤登陆美国纳斯达克,成为中国第一家在美国上市的乳品企业。2009 年,飞鹤成功转板纽交所主板;2013 年私有化退市,2019 年 11 月在香港联交所上市。

中国乳品行业在过去的 20 年里,有过多次波动。出现过三聚氰胺等大大小小的质量问题,严重损害了中国消费者对国内乳品企业产品的信任。同时,外资品牌给中国乳品企业带来了很大的压力,中国乳品企业一直被压制在低端。飞鹤乳业就是在这样不利的市场竞争环境中长期坚守,在婴幼儿奶粉这个细分赛道逆势成长,脱颖而出,实现凤凰涅槃。

飞鹤扎根于北纬 47° 黄金奶源带,构建了"农牧工"三位一体的专属产业集群,从源头保障产品的新鲜高品质。飞鹤潜心深耕中国母乳与中国人群体质研究,不断夯实"更适合"的科研根基,进入与国外高端品牌比肩的行列,带领国产奶粉走向高端时代。近几年来,飞鹤的销售收入和净利润快速增长,成为中国最著名的婴儿奶粉制造公司,旗下明星产品星飞帆系列成为 2019 年中国婴幼儿奶粉市场零售额排名第一的单品。

表 4-1　飞鹤 2016 年至 2019 年上半年的销售收入和净利润　(单位:亿元)

	2016 年	2017 年	2018 年	2019 年上半年
销售收入	37.24	58.87	103.92	58.91
净利润	4.06	11.60	22.42	17.51

目前，飞鹤在黑龙江省齐齐哈尔市克东县、甘南县、龙江县、拜泉县、泰来县，吉林省白城市镇赉县共拥有7家已经建成的现代化智能工厂，哈尔滨和加拿大有两家工厂在建。2018年飞鹤成为中国婴幼儿奶粉行业首个销售额突破百亿元的企业，荣膺国产婴幼儿奶粉第一品牌。2019年飞鹤位列黑龙江百强企业第26位、黑龙江民营企业第4位、黑龙江制造业企业第16位，并获得由中国企业联合会和中国企业家协会颁发的2019中国制造业企业500强；获得世界品牌实验室颁发的2019亚洲品牌500强；获得全国工商联颁发的中国民营企业制造业500强；2020年飞鹤获日本JIPM评审委员会颁发的全球卓越制造大奖TPM奖。旗下星飞帆产品多次斩获国际大奖：2015～2020年，连续6年摘得世界食品品质评鉴大会金奖；连续4年入围世界乳制品创新大奖，用核心技术和卓越品质为中国乳业赢得国际赞誉。

飞鹤的发展历程，是长期主义和价值共生的发展理念最好的实践。

二、长期主义

（一）高品质与高价值

飞鹤创始人冷友斌及经营团队，在乳品领域深耕三十多年，一直聚焦在婴幼儿奶粉这个细分领域。专注、专一、专业做婴幼儿奶粉，锲而不舍地打造最值得信赖的婴幼儿奶粉高品质品牌。从普通产品到高品质产品，再到品牌，飞鹤形成了在该领域的专业强项和竞争优势，最终把建立在高品质产品基础上的品牌变成了高价值品牌。

飞鹤是中国最早成立的乳品企业之一，秉承"先解决风险，后谋求发展"的前瞻性思想，保持了58年的安全生产纪录，从奶源的源头消弭安全隐患。2012年7月16日，在飞鹤成立50周年庆典仪式上，董事长冷友斌表示，无论中国乳业产业环境如何变迁，飞鹤人将始终如一，不求多元化，只求专精，专注打造专属于中国宝宝的婴幼儿奶粉，心无旁骛地致力于民族百年婴幼儿奶粉品牌的孕育。

在 2017 年 7 月公司成立 55 周年庆典大会上，飞鹤董事长冷友斌再次表示，未来的飞鹤将继续以"振兴民族乳业，打造民族品牌，做更适合中国宝宝体质的奶粉"为使命，提档升级"牛羊"全产业链战略，优化产业资源，推动国内产业布局，以"两国五地"国际顶级实验室为依托，以"源创新"理念为指导，深度研发中外母乳营养成分，探索中外母乳结构差异性，制造出更适合中外宝宝不同体质的奶粉；进一步强化和推进飞鹤品牌领导力，赶超婴幼儿奶粉国际品牌，树立中国婴幼儿奶粉品牌在国际市场中的地位；积极拓展大健康事业，实现营收百亿元目标；投资兴建海外工厂，科学规划国际化产业布局，为民族品牌走向世界贡献飞鹤人的力量。

（二）坚守高标准的初心，对研发持续地投入

一般企业在发展过程中，特别是面临生存困难的时候，战略定位会发生争议和摇摆。与很多乳业企业既做鲜奶，又做酸奶、冰激凌、奶粉、奶酪等多品类产品不同，冷友斌及团队在创建飞鹤的时候，虽然还没有明确的愿景，但对婴儿奶粉的本质认知很清晰：好的婴儿奶粉就是最接近本国母乳营养成分的奶粉。基于中国的老话，一方水土养育一方人，他们意识到中国人体质与外国人体质有很大差别。飞鹤决定集中有限的财力人力物力等资源，专注聚焦到婴幼儿奶粉这一个点上，下大功夫研究中外饮食结构、基因和母乳的差异，研究婴幼儿奶粉的中国配方、中国母乳配方，据此形成适合中国婴儿体质的奶粉配方，积小步、致千里，逐渐形成强项并爆发。飞鹤是唯一一家从一开始就聚焦婴幼儿奶粉细分专一产品的企业，一直致力于研究中国女性的母乳，研究真正接近母乳的配方奶粉。

当大多数品牌还在多元化布局上激烈竞赛时，坚持"专心致志做好一件事"的飞鹤显得很独特。聚焦婴幼儿奶粉领域，飞鹤整合全球顶尖科研力量进行中国母乳研发，使其在行业里对于研究中国母乳、研制"更适合中国宝宝体质"的奶粉积累了深厚的技术基础。据悉，飞鹤搭建了最专业的中国母乳数据库，全面分析了中国母乳中上千种不同成分，已在国际权威学术期刊上发表了60余篇SCI和核心期刊论文。飞鹤在国际上首次揭秘了中国母乳中蛋白质和氨基酸在整个泌乳期9个阶段的动态变化，并且运用到了星飞帆系列产品升级中。

飞鹤着力于打造两国四地国际化研发平台，携手哈佛大学医学院成立了"飞鹤–哈佛大学医学院BIDMC营养实验室"，搭建起美国波士顿、中国北京、中国甘南、美国佛蒙特大学的"两国四地"联合科研平台；与国家奶业科技创新联盟共建"婴幼儿配方奶粉全产业链创新中心"，这标志着飞鹤与国家"产学研"合作从擘画蓝图阶段进入全面落实阶段，将整体提升牛奶及奶粉的"新鲜、功能"品质，推进婴幼儿奶粉提升行动迈入全新阶段。

飞鹤多次主持中国重大奶粉科研项目，包括黑龙江省科技厅母乳化高端婴幼儿奶粉研制及其产业化项目、国家科技部863计划课题婴儿特殊奶粉研制与开发，开创针对中国宝宝的临床喂养实验先河。飞鹤还是第一批主持国家科技部"十二五"国家科技支撑计划项目、第一批承担国家科技部863计划课题的婴幼儿奶粉企业。

2018年底，中国首家乳品工程院士工作站落户飞鹤，这里汇集了国内顶尖乃至全球研发资源，致力于打造最权威的研发平台。飞鹤搭建整休科研框架及研发平台，对婴幼儿配方奶粉的母乳化配方进行重点研究，逐渐实现婴幼儿配方奶粉原配料的自主掌控，摆脱乳品原料供给等方面受制于国外企业的局面。同时，飞鹤贯彻"产学研"深度融合的策略，为行业培养优秀的专业人才，创造更多核心竞争优势。飞鹤中国乳品工程院士工作站科研成果将以开放共享的方式直接惠及行业，为中国乳业可持续发展强势赋能。

2003～2004年，中国液态奶行业超速发展，消费者对中国乳品企业的信任与日俱增。中国奶粉市场出现了两端，一个是国产，一个是进口。在2008年三聚氰胺事件之前，国产奶粉市场份额占到75%，外国奶粉占25%。2008年三聚氰胺事件后，虽然飞鹤凭借优质的奶源、过硬的产品质量、严格的检测流程经受住了严峻的考验，成为为数不多的合格企业之一，但当时国内消费者普遍认为国产奶粉不安全、不诚信，加上外国产品加大攻势，市场占比调过来了：外国产品占了75%，国产产品占了25%。

当时，飞鹤虽然产品质量好，但在消费者心目中的定位仍然是国产产品，信任度自然大打折扣。飞鹤面临着生存困难，于是开始调整。飞鹤发现，在当时消费者和舆论对国产产品一片负面评价的特殊条件下，飞鹤的产品仍有30多亿元的销售额，说明在市场上有一些好的口碑。飞鹤从中看到了希望，开始通过多种形式（包括与第三方机构合作），进行细致的市场调研。根据调研结果中的消费者反馈，飞鹤发现，这些消费者不选国外奶粉、选飞鹤奶粉的原因在于：小孩吃了特别适应，不哭不闹，长得高，长得也结实，眼睛有神。

实际上，欧美、日本的婴幼儿奶粉标准都是根据各自国家的母乳标准来设计的。因此，它们进入中国的产品，并不一定适合中国婴幼儿的体质，导致有的中国小孩吃了进口奶粉后，有很多不适应，例如便秘、稀便、哭闹、有眼屎、起疙瘩等。

通过市场调查，飞鹤意识到，自己一直专注研究中国母乳，基于中国母乳和婴幼儿特征研发奶粉配方。由于中外人种体质、饮食结构、文化存在明显差异，验证了飞鹤一直以来坚持的婴幼儿奶粉配方理念和方法是正确的。因此，喝飞鹤奶粉，中国婴幼儿特别适应。但飞鹤自己当初并没有把这一理念总结出来，一开始只是认为自己的产品是高适应的：产品质量好，小孩吃了适应。但广告中没有表达清楚，造成花钱打了多年的广告，消费者却没听懂高适应是什么。

2015 年，飞鹤及时把愿景定位调整为给家庭带来欢乐和希望，品牌则更精准地定位在更适合中国宝宝体质，聚焦中国宝宝成长的营养需求，持续加大研发力度。因为每个宝宝都是家庭的未来，家庭所有的人都围绕着这个孩子，希望宝宝健康快乐成长。

（三）建立全过程严格的质量控制体系

飞鹤认为，做企业没有太多诀窍，不能急于求成，需要把基础做好、做扎实。食品，特别是儿童食品，如果出现质量事故，很容易快速形成负面舆情，对品牌造成严重后果，甚至前功尽弃！飞鹤要求成品质量 100% 合格。

但奶粉产业链比较长，涉及的利益主体多，并且较为分散，管理难度大。飞鹤不惜投入资金，从源头到生产、加工、销售过程严格进行品控。

1. 高资本投入保证产品品质

中国原来的养殖结构都是农民散养奶牛，牛奶由收奶的中介收购后，再卖给企业。由于老百姓没有科学饲养，中介更是以利益为导向，所以产品品质面临很大的风险。为此，飞鹤自建了五百多个奶站，但仍然解决不了奶牛养殖过程中吃的东西是否合格、是否营养，奶源是否优质的问题。

奶制品的基础就是奶源，飞鹤一直在奶源上投入比较大的精力，努力保证制作婴幼儿奶粉的每一斤鲜奶都是新鲜、安全、健康的。欧盟的奶源标准是全世界最高标准，飞鹤产品的指标高于欧盟。为了保证奶源的品质，飞鹤高层到欧美考察大牧场后，决定建两个牧场和两个工厂。这个投资的资金量大，而且牧场投入不能马上见效，另外由于缺乏抵押和担保，银行不给贷款；同时，飞鹤的收益有限，因此，当时飞鹤面临巨大的财务压力。最终飞鹤利用其在 2003 年美国上市募集的 5 亿元人民币建牧场和工厂，同时动员高管、员工、社会人员参与牧场和工厂集资，包括创始人在内的一些高管甚至抵押了房产。

为了保证产品的高品质，除了确保奶源的高标准，飞鹤的工厂一开始就从保证婴幼儿奶粉高品质的角度设计技术路线和设备，而不是基于低成本。飞鹤选择了湿混法结合喷雾干燥法的生产流程工艺，因为这种工艺比干湿法工艺能够让婴幼儿配方奶粉更易溶解于水，各批次奶粉的营养物质分布更均匀。同时，生产设备主要从德国、法国、荷兰等欧洲知名厂家采购，配备世界一流的加工设备，企业生产线（包括前处理的阀门、分离机、均质机和高压泵、浓缩设备、干燥塔等）实现了密闭化、管道化、自动化和标准化。前处理的巴氏杀菌到真空混料器，保证真空混料器和预混罐是完全混合的，能保证混合的均匀度非常高，保证加进去的无论是油脂还是蛋白都能够完全混合好、水合好。为了减少奶中营养成分的损失，飞鹤的工厂采用了热损失最小的 DSA 蒸汽喷射杀菌；为了缩短浓缩奶在塔里面的加热时间，飞鹤的工厂选择了 37.05 米的 MSD 型高干燥塔。

2. 完整的质量体系保证全过程品控

飞鹤构建了从饲草种植、奶牛饲养、鲜奶采集、生产加工、成品灌装、质量检验乃至销售服务全过程的质量控制体系。从供应商原料使用、原料进厂到生产过程及产品交付全程有 25 道工序、300 多个质量检验和监控点。质量控制部门的人员超过 300 人，保证不合格的产品不能进入车间，不合格的工序不能进入下一道工序。外部采购，先由研发部门审核，只有达到标准，才能推给品控部去验收；验收合格，再交给采购部门，让这个厂家进入采购名单。在产品包装及最终检验环节，飞鹤采用自动检测，对每个批次的产品进行抽样检测。

飞鹤还在主要鲜奶供应商的生产场所派驻质量监测人员，定期检查供应商生产场地的卫生及安全状况、饲料的质量以及奶牛的健康状况。飞鹤要求鲜奶供应商的生产场地临近飞鹤工厂，使得奶牛挤奶后两小时内，牛奶就能送达飞鹤工厂，没有储奶罐这一中间环节，减少了二次污染，保证牛奶的新鲜。飞鹤还实现了与供应商、经销商、零售点的信息联通，率先打造出产品可视化可追溯体系，通过条码扫描，可以对产品供销过程进行全程自动监控和溯源，还可以监控经销商库存，防止库存积压和产品品质下降。

3. 优秀的员工能力保证执行质量

飞鹤重视给员工赋能，为员工提供学习机会。近几年，飞鹤每年投入近千万元，在工厂内部推广世界级生产（WCM）项目。在生产现场、会议室，都会看到WCM看板。这些WCM看板从小组角度，对工厂内的痛点与损失进行分析，包括食品损失、销售损失，并助力员工就此进行焦点改善，及时解决问题。

三、价值共生

飞鹤产品涉及农业、牧业、加工、销售及服务这样的长产业链，利益相关者众多。飞鹤把自己的角色定位为产业集群的组织者、产品的集成者、价值捕获的主导者，通过赋能服务，提升了产业链前后端企业的效率和收益，与经销商、供应商和消费者结成了紧密共生的战略合作伙伴。

（一）赋能牧场及原料商，共创共赢

飞鹤坚信，价值是产业链不同分工环节共同创造的。飞鹤是价值实现

的重要环节，是产业集群的组织者、产品的集成者、价值捕获的主导者。为了专注婴幼儿奶粉生产销售这一核心业务，提高分工效率，2011年，飞鹤将牧场出售给专注牧场的原生态集团。

飞鹤认为，要保证产品品质及价值创造的最终实现，就需要给产业集群不同分工环节的利益相关者提供合理的收益。例如，给专属牧场合理的奶价，保证牧场能获得合理的利润，才能保证他们养最好的牛、出最好的奶。否则，牧场就可能在饲料上偷工减料，甚至弄虚作假，在管理上放松，最终危及飞鹤的产品品质和声誉。

飞鹤根据黑龙江省畜牧兽医局发布的最新鲜奶指导价格，以往牧场安全及质量要求的检查结果，以及供应商向第三方出售相同产品的价格，与鲜奶供应商商定收奶的标准和价格算法，以及品质指标。牧场按照这个标准饲养和管理，牧业又给前端农业确定饲草、青雏、精饲料等原料的收购标准。飞鹤给专属牧场保底收购价，按质量标准和产品类型浮动价格。

飞鹤鼓励牧场进行创新，配合飞鹤改善产品品质或开发新的功能产品，改善牧场奶源品质。奶源品质越好，收购价越高。飞鹤进一步要求合作伙伴专属牧场等进行技术改进，一方面要求其GMP（Good Manufacturing Practices，优良制造标准）达到飞鹤的标准，另一方面督促其提升信息化水平后，并将其相关系统与飞鹤的ERP系统相连，便于各方及时监控牛的运动量、采食量、健康状况和奶的品质。

飞鹤还帮助、促进专属牧场及其他原料商创新。飞鹤与国家农业科技创新联盟、黑龙江省农业科学院、黑龙江八一农垦大学等科研院所合作，提出改善现有产品品质或开发新产品的课题，立项后与专家教授一起研究，邀请专属牧场和其他原料供应商参加。获得解决方案后，到牧场实施。这样可以提高奶源的收购价，提高牧场收益。飞鹤通过就近出租仓库，帮助原料供应商降低物流成本，也有助于飞鹤保证原料品质和供应的及时性；

飞鹤还为牧场管理人员提供培训，帮助他们提升管理水平。

飞鹤对牧场及原料供应商的赋能还包括：联合考察市场，在供应商资金紧张时提前支付货款，帮助供应商缓解资金压力；帮助草场购买农机时获得政府优惠和补贴。飞鹤定期组织半年会、季度会，要求专属牧场人员出席，共同商议未来规划，并就当年的成果给予他们数百万元的奖励，目的是让专属牧场及其他原料供应商与飞鹤紧密合作，凝聚共识，形成命运共同体，配合飞鹤的品质、品类创新，带动产业集群共同发展。

（二）与经销商共享利益，共谋发展

2013 年，飞鹤开始着手经销渠道体系扁平化改造。飞鹤严格选择、管理和服务经销商，包括考察候选经销商的行业背景、财务状况、销售渠道、零售点和经营策略。经销商负责出钱买货、物流和店内服务，飞鹤的专业部门来负责选择有规模的渠道，寻找店面、店内营养顾问，开展促销活动、路演活动等，经销商则做配合工作。

营养顾问是飞鹤向消费者介绍产品和营养知识的重要窗口，有助于提升消费者对飞鹤产品和品牌的认知和信任。例如，营养顾问要看得懂配料表，了解为什么飞鹤用的是百分之百的生牛乳，什么是北纬 47° 黄金奶源带。

由于靠传统的纸质媒体和电视广告方式，解决不了消费者的诉求，飞鹤通过几十万场多样化、高频次的消费者现场教育和互动活动，包括举办妈妈班、嘉年华等，帮助经销商获得消费者信任，扩大潜在用户人群。

飞鹤通过赋能，与全国 2000 多个市县的 1800 多家经销商、109 000 个零售点形成了利益共同体。不少小经销商跟随飞鹤发展，成长为规模化经销商。飞鹤每年拿出固定资金，为经销商提供培训机会，每两个月委托高校商学院办一期短期培训班。下一步，飞鹤计划进一步把经销商升级为事业合伙人。

（三）与消费者深度交互，共创价值

飞鹤清醒地意识到，虽然中国的经销渠道经历了几代变化，但无论怎么变，基本功能都没有变，就是服务好消费者。消费者在哪里，飞鹤的触角和服务就应该在哪里；消费者偏好什么，飞鹤的触角和服务就应该把消费者的偏好服务得更好。同时，在服务好消费者的过程中，充分利用各渠道之间的差异，提供差异化服务。

飞鹤目前有三个渠道，大卖场、电商、婴童及母婴店。目前第三个渠道销量最大，由通路行销部负责，通路行销部有一个组织专门做全国线上线下同价同活动。

飞鹤与消费者的接触，从孕产妇阶段就开始。在孕前、孕中和产前、产后提供营养饮食方面的服务，称为品牌前置，包括面对面研讨会，与孕妇进行品牌沟通，免费向消费者提供有关育儿和孕期保健等方面的知识，传播飞鹤的孕产妇奶粉信息等，让飞鹤的品牌能够深入人心，使消费者对飞鹤产生信赖，以此提升用户黏性，进而提升复购率。

在飞鹤品牌知名度较低的地区，飞鹤举行嘉年华活动，推介飞鹤的产品。飞鹤的销售代表会在大小型活动的娱乐休闲区设立摊位，举行产品味道盲测，使现有和潜在消费者能够亲身体验飞鹤高品质的产品，把选择权交还给消费者。2019年，飞鹤举办的面对面研讨会超过500 000次。

飞鹤还在微信公众号上创建了面向消费者的虚拟社区，建立了一个线上会员系统——星妈会。通过在线课堂、关爱热线等多样化互动方式，为会员提供服务。星妈会每周根据会员的怀孕阶段或子女年龄，发布定制的文章和相关信息，让会员获得营养师、医生和其他专家的咨询服务以及特别的促销优惠，以吸引和激励消费者。

2019年，飞鹤与中国儿童少年基金会联合发起的"阅成长·悦成长"亲

子教育公益活动。此次公益行动中，飞鹤与该基金会共计为0～3岁儿童捐赠45 000本图书，惠及重庆市、泸州市、恩施市等5座城市的数百户家庭。

飞鹤正在构建数据中台和会员体系，研发用户全生命周期所需的奶粉产品。同时，飞鹤正在论证创办飞鹤母婴学院，目的就是与消费者进行心与心的交流、心与心的沟通，让消费者真正认可飞鹤，成为飞鹤的宣传员。

（四）造福利益相关者，共享成果

飞鹤在齐齐哈尔市8个县（市）区布局了项目，在企业发展壮大的过程中，带动当地农民增收致富。飞鹤董事长冷友斌表示，公司扎根齐齐哈尔，注册地不会迁移。飞鹤连续多年成为齐齐哈尔市第一纳税大户，近年来，在黑龙江省民营企业中，飞鹤上缴税金数额也排在第一位，为地方经济发展做出了卓越贡献。

飞鹤的产业扶贫坚持"授人以鱼，不如授人以渔"的理念，将企业发展与当地优势相结合，因地制宜，因时制宜。目前，飞鹤拥有9个现代化核心工厂，相应的产业链上下游均布局在贫困县，很好地促进周边相关产业发展，帮助政府实现劳动力转化，增加就业渠道和税源，开拓了产业扶贫之路。飞鹤将持续扎根黑龙江大地，致力于为黑龙江扶贫工作的快速、高质量推进献力献策。

飞鹤在自身快速发展的同时，积极履行社会责任。在汶川地震、玉树地震、广西抗旱、雅安地震等灾害中捐赠千万余元。2017年7月，飞鹤向齐齐哈尔市9个县（市）捐赠价值1.76亿元的国际领先的西门子高端医疗设备，得到当地各级政府的大力支持，得到当地百姓的好评。飞鹤持续对全国11个贫困县/市医院，累计捐赠价值1.7亿元的医疗设施；开展慈善光明行公益义诊活动，累计义诊人数达1289人，为117人带去光明，以扎扎实实的行动帮助患者重获希望；同时，持续多年践行小康牛奶行动，深入"三区三州"为贫困地区孩子的健康成长助力。教育扶贫方面,飞鹤携手北京市海淀区中关村第一小学开展教育扶贫合作,捐助2000万元旨在全面促进北京市和齐齐哈尔市教育深度合作,提升齐齐哈尔市教学水平。不仅如此,飞鹤还长期资助泰来县足球教育,为云南省丽江民族孤儿学校捐赠了总价值近70万元的成长奶粉,关注学生身体、心理健康成长,并不断助力丰富校园文化活动,给孩子带来欢乐。此外,飞鹤捐助贫困学生超过6000人。

四、结语

飞鹤坚持长期主义和价值共生,蓄势迸发。同时,飞鹤没有满足现状,继续坚守初心。基于自身已成为中国著名品牌,积累了庞大用户群,飞鹤计划进一步增强知名度,创建消费者生态,进而逐步拓展产品线,开发消费者全生命周期营养保健产品——从0~3岁的婴幼儿奶粉,到4~6岁的儿童奶粉,再到40岁以后的健康产品。另外,飞鹤致力于建立一站式电商平台,并升级全产业链数字化系统。

飞鹤让人们看到了中国"新国货"的未来,飞鹤正在腾飞!

五、专家洞察:应用数字化技术助力中国飞鹤

飞鹤已经确定把产品品类从0~3岁的婴幼儿奶粉,到4~6岁的儿童奶粉,再到中年以后的健康产品。这需要更精细、精准和精确的研究,主要包括以下几个方面。①数据化精准研发。飞鹤将进一步基于消费者身体状况数据,加大配方研发力度,成为功能性健康配方奶粉领域的权威专家,强化消费者对飞鹤产品高品质背后的深厚科研基础认知的心智,提高产品的用户价值精准度。②数据化精准营销。应用互联网、人工智能、区

块链等技术，推动消费者社群线上生态的繁育，从消费者教育到互动分享等，基于数据精准营销，提高对消费者的触达、交互、转化和服务效率。

作者简介

朱武祥（电子邮箱：zhuwx@sem.tsinghua.edu.cn），清华大学经济管理学院金融系教授，魏朱商业模式理论联合创建人，清华大学商业模式创新研究中心主任。研究领域：公司金融、商业模式、产业金融、政府金融。著作：《超越战略：商业模式视角下的竞争优势构建》《透析盈利模式：魏朱商业模式理论延伸》《商业模式的经济解释Ⅱ》《商业模式的经济解释Ⅰ》《重构商业模式》《发现商业模式》《中国股票市场管制与干预的经济学分析》《中国公司金融学》等。

朱婧雯（电子邮箱：zhujw.19@sem.tsinghua.edu.cn），清华大学经济管理学院创业创新与战略系博士生。

第五章

长城物业模式与未来展望

长城物业——中国最早的优秀物业管理集团之一,从第一个吃螃蟹实行员工持股改制,到建立业内最早的信息系统平台,它始终走在行业前列,连续多年位居中国物业服务行业前五强,一直领衔中国物业的行业发展。

| 专家解读 |

长城物业与价值共生

长期主义、价值共生是一种哲学观念,听起来很抽象,却是当下中国优秀企业应该建立的价值观。在巨变的大环境下,挑战和诱惑非常多,物业行业作为一个进入门槛较低的行业,现在仍处于行业整合的初级阶段。物业行业同质化竞争依旧严重,无法下降的各种物业成本和无法提升的物业管理费之间的矛盾也始终没有得到很好地解决,很多公司可能会被局限在平衡服务质量和经济利益的困局当中。在这种情况下,大家应该把思考的重点放在如何从内部不断地汲取力量,在外部不断地求得共生发展。

长城物业在30多年的发展中,不断致力于将中国传统文化充分融入企业管理和物业服务中,从而摸索出了一条符合长期主义的物业发展之路。对内,长城物业用传统文化凝聚员工的心,使员工感到值得托付于企业，能自发地服务好客户；对外，长城物业创造性地将"熟人社区"概念引入物业管理中，通过"向东时光"活动，引导社区业主共同学习交流传统文化，拉近业主之间、业主与物业公司之间的距离。中国传统文化是国人的共同语言，以此为基础，物业公司与业主之间才能够构建"心与心的连接"。更可贵的是，长城物业秉承共赢文化，通过一应云联盟将其他物业公司从对手转变为盟友，共同为提升顾客满意度、物业服务效率、物业企业收入而努力。

若仅用传统文化来经营企业，企业很容易沦为"口号企业"，将无法适应市场竞争而走向失败；而若仅强调利益和竞争，人性会愈发贪婪，企业需要用日益复杂的制度来填补不断涌现的漏洞。我非常高兴地看到，长城物业不断将中国传统文化、市场竞争文化与创新文化融合，能够持之以恒地践行长期主义、价值共生的理念，并在这条路上取得了丰硕成果！

——魏炜
北京大学汇丰商学院教授

长城物业：成人达己，价值共生

/ 北京大学汇丰商学院教授 魏炜

一、长城物业发展概述

长城物业集团股份有限公司（以下简称"长城物业"）创立于1987年，其前身为长城地产房产管理部，以"让社区变得更美好"为使命，秉承"诚意链接＋满意服务"的核心价值观。1993年进行公司制改造，成立长城物业管理公司；1998年率先进行了员工持股改制，正式完成了市场化改革，成为最早实现市场化运营的物业管理企业。长城物业从2003年开始探索和实行"阳光物业管理模式"；2008年成为北京奥运会国奥村物业服务商；2012年在国内首推"云物业服务"；2015年联合数十家优秀物业企业，共同发起成立"一应云联盟"。

经过30多年的发展，长城物业已经成为中国领先的现代物业服务集团企业之一，并长期稳居中国物业管理行业市场化运营领先企业第一名、中国物业管理行业综合实力前五强。

长城物业是中国首批国家一级资质物业服务企业，员工约 30 000 人（含分包方），形成了覆盖全国的发展态势。集团以"三精化"网格管理模式，着力打造"物业管理发展"与"社区生态建设"双主航道的发展模式。

通过多年来对行业的思考和对中国传统文化的探寻，长城物业独辟蹊径，在充满挑战和诱惑的巨变环境下，选择了一种符合长期主义的发展路径。所谓的长期主义，就是将一件事情有价值地、持续地做下去，这种价值符合长期的发展利益。

二、在长期主义中实现价值共生的长城物业

选择长期主义价值观，实现价值共生，能够让企业更好地获得发展的内生驱动力。具体而言，企业需要在确定竞争优势、确定商业模式、选择正确战略以及进行有效管理这几个方面做出努力。确定竞争优势就是找到自己独特的企业基因，发掘企业不可替代的东西。商业模式决定的是企业所在商业生态系统的结构效率，在众多利益相关者的聚合体中，让企业同各方创造和实现价值是一门技术。战略和管理则会影响一个企业的竞争和执行效率。

长城物业以"主观利他、客观利己"的理念建立了属于自己企业基因的长期主义价值观，与顾客、员工、合作伙伴等利益相关者实现了价值共生。

（一）致力于不可替代性：社区文化的挖掘

实行长期主义的第一步是确定适合自己的竞争优势，从而选择值得坚守的价值理念。对于顾客至上的企业来说，为顾客创造价值，触达顾客的

内心需求是走向成功的不二法门。怎样同顾客建立紧密的联系，选择怎样的不可替代性，是每一个想要长久生存的企业都应该思考的问题。

对于物业企业而言，为顾客创造价值的关键在于尽可能地提高顾客满意度，但是长期以来，物业行业一直处在提升服务品质和提高经济效益的零和博弈中。近年来，社区市场被认为是拥有万亿元体量的蓝海市场，千家万户的居民有着多种多样的需求。为了获得更好的发展，很多物业企业选择了转型升级，层出不穷的互联网产品不断涌入社区、打入物业行业，比如无人售货柜、社区团购。但是，经过一段时间的发展，企业发现很多互联网产品都是不长久的，它们犯了一个通病，那就是只站在企业自身利益的角度，要么是为了更好地降低成本提高利润，要么是为了更好地融资上市进行概念炒作，并没有真正地触达客户内心的需求，最后这些互联网产品都出现了用户活跃度低、业务不可持续的问题。

长城物业也是如此，作为物业行业的领军企业，长城物业早在2012年前后就提出了构建生态平台的概念，但是经过五六年的发展之后发现，生态平台的业主黏性并没有想象中大，长城物业同业主的关系仍然停留在松散浅显的表层。

这引发了长城物业总裁陈耀忠先生的思考，在2017年的一次活动中，他受到了启发。通过学习中国传统文化，他将传统文化的精髓与现代的商业模式相结合，从"心"解决问题，意识到了之前企业发展存在的问题：长城物业虽然之前一直在倡导让社区变得更美好，但是并没有认识到让社区变得更美好的本质，只是在浅知浅行。

改革开放以来的40多年间，中国经济飞速发展，社会人口实现了大迁徙，但也带来了相关的负面影响。中国传统的社区精神日渐消失，原有的人际关系被打破，现在社区中的居民多分散在各行各业，来自五湖四海，繁忙的工作、快节奏的生活抢占了生活的重心，传统的沟通纽带丢失，邻里变得陌生，社区关系淡漠，家园情怀缺失。然而，人们的心理需求在本质上是没有发生变化的。居民一直渴望邻里和睦、生活舒适，渴望充满归属感和安全感的生活环境。

为此陈耀忠先生带领长城物业开展了以"一应青藤-向东时光"项目为主线的一系列活动，这些活动目前正在长城物业近600个社区里如火如荼地开展着。"一应青藤-向东时光"项目通过在社区搭建平台广场的方式，鼓励社区居民一同学习中国传统文化和圣贤思想，让社区找到共同语言和价值观，通过社区自治和大家的良性互动，让居民生活在一个更有温度和仁爱的美丽家园中。此外，"一应青藤-向东时光"项目还包含长城物业员工内部的学习活动，员工通过学习圣贤文化，更好地为客户提供服务。

长城物业借助中国传统文化的滋养，挖掘真正的社区文化，借助圣贤文化化育人心，社区文化如同滚雪球一般，逐渐成长壮大。员工通过"一应青藤-向东时光"项目，心灵品质获得提升，进而更好地推动社区业主心与心的连接；社区业主通过"一应青藤-向东时光"项目，打开心门，重新建立信任，同时带动起社区志愿者等更多的社会力量，为社会做出巨大的实质性贡献，成就企业成长，进而也让员工获得成就感和崇高感。如此一来，无论是企业、员工还是业主，都可以看到收获，看到"雪球"不断地前进。

（二）固守边界到伙伴开放：物业管理生态圈构建

确定自己的竞争优势，确立值得长期坚守的价值理念只是长期主义的第一步，而选择合理的商业模式，构建一个具备良好交易结构的共生体，才是实现价值共生的不二法门。在当下社会，任何个体都无法独立存在，任何一个企业也无法独善其身，要获得长久的发展，实现价值共创是一个高效的途径，这意味着需要形成以焦点企业为核心的生态系统，这样也就拥有了解决问题的无限可能性。

传统的经济学理论告诉我们，按照科斯定理，企业需要一定的边界，当边界内的效率比其他企业高、成本比其他企业低时，这个企业才是有竞争力的。但是在互联网飞速发展的信息化时代，个体之间的连接越来越容易和频繁，随之带来的新变化是组合要素的成本和效率在企业的边界外部变化得更快。互联网将原有的企业边界打破了，企业竞争和合作的范围也将不断扩大。

在万物互联的大背景下，长城物业打破从前固守的边界，推动员工与员工、客户与客户、事业伙伴与事业伙伴之间心与心的连接，并将员工、客户、事业伙伴融为一体，实现真正意义上的互利共赢。通过伙伴开放关系，长城物业引导社区中的每一位业主、员工和事业伙伴，都秉持着"主观利他、客观利己"的原则去做好自己的事情，相辅相成，最终形成生态价值闭环，从而实现价值公约数的最大化。在伙伴开放的大平台下，长城物业使用集体的智慧去解决不确定性问题，打造共生生态圈，建立命运共同体，实现各利益相关者的价值最大化。

1. 物业管理生态圈：一应云智慧平台

长城物业是物业行业最早提出物业云和社商云概念的企业，面对物业行业共同的生存困境和跨界竞争者的威胁，积极打造了一应云智慧平台和一应云联盟，联合物业同行携手打造生态联盟。

早在1994年的时候，长城物业就做了与互联网契合的超前尝试，自行研发了单机版的物业管理收费软件，通过和中国银行合作，实现了物业费的线上收缴。到2010年前后，长城物业已经研发了多个线上系统，涉及人力资源、财务报销、协同管理等多个方面，并且借助内部的系统整合，实现了高效率的物业管理和低人力成本的状态。

2012 年，物业行业遭遇了前所未有的困境，人力成本的不断上涨让很多物业企业捉襟见肘，而长城物业凭借互联网系统的高效运作极大地减少了人力成本。当时中国物业管理协会会长谢家瑾女士在前往长城物业考察时建议，这么好的工具应该在行业里推广，让那些没有能力做这种系统的中小物业公司一起获益。在谢家瑾会长的建议下，长城物业开启了行业级生态平台的构建之路。

当时，互联网的发展引发了消费者购物方式和消费渠道的改变，社区 O2O 成为新时代的宠儿。在其他公司纷纷调整策略的时候，长城物业结合未来服务行业可能的服务形态和发展变化，做出以下决定：借助自己已搭建的互联网一应云平台，搭建融合物业生态圈、社商生态圈的物业云、客服云和社商云三大系统，并且构建相应的服务场景；此外，成立一应云联盟，通过开放的平台，和全国的中小物业公司实现合作和资源共享。

这一构想最终于 2014 年正式落地投入运营，2015 年长城物业成立了以"开放、合作、共享"为理念的一应云联盟，最终一应云智慧平台成型，实现了联盟内品牌、用户、商户等资源共享。

一应云智慧平台依靠大数据和智能化，通过一应智能（社区物联网平台）和一应生活（社区 O2O）双系统构建社区生态，包含了从维修、投诉、查费缴费、订餐洗衣购物等社区生活服务，到智能停车系统、能耗管理、水电监测、楼宇管理等智能化物业管理模式，实现了对人服务、对物管理的双重功能，最终实现了整个物业行业"让社区变得更美好"的生态圈。

一应云智慧平台最让人惊喜的点在于，它选择了以开放包容的姿态，将物业行业的其他企业容纳进来，不是把其他企业当作竞争对手，而是选择合作共赢，成立一应云联盟，共同为提升顾客满意度、物业服务效率、物业企业收入而努力。在这个联盟中，对于加入联盟的企业，长城物业采取的是开放式的策略，自由进出，所有资源都开放共享。加盟的中小物业公司可以免费使用长城物业提供的物业管理制度规范、App 等，借力满足社区业主需求，进行企业内部办公等。联盟内的各个企业之间也可以相互合作，实现商家和客户资源最大限度整合。

一应云智慧平台采用的是 SaaS 云架构，加盟的中小物业公司只需要交付加盟费就可以自由享用平台的各种资源。这确实赚不了很多钱，甚至很多服务是免费提供给合作伙伴的。但是，陈耀忠表示，成立一应云联盟，主要目的并不是盈利，而是以此来打造生态圈，通过团体的力量实现共同发展。从长期主义的角度来看，通过连接、合作、共享，加入平台的企业会越来越多，一方面大家可以实现统一采购与合作，一起降低成本，增加利润。管理水平提高了，服务能力也相继增强。另一方面，平台上沉淀下来的数据信息是一笔巨大的财富，因为它背后有着全国物业人群所积累的用户画像和市场需求。

2. 社区生态圈："一应青藤 – 向东时光"项目

商业模式的本质是利益相关者的交易结构。对物业公司而言，业主就是其最大的利益相关者，所以，处理好与业主之间的交易关系就成了重中之重，与业主交易关系的好坏决定了整个物业项目的成败。

在物业公司和业主之间，常见的交易结构可以分为以下两种情况。第一种是传统的关系，物业公司和业主似乎是一对冤家。一方面很多小区得不到最基本的服务保障，业主抱怨物业公司服务不好，想换掉物业公司；另一方面，由于不和睦的关系，物业公司常常因为收缴不到物业费，无法维持基本开支，从而无法正常经营而被迫撤离小区。最终的后果是物业公司和业主的矛盾不断升级，结果是两败俱伤。

这种情况是大家都不愿意看到的，越来越多的物业公司选择了第二种情况：同业主进行合作，努力建立一种平等的商业伙伴关系。随着互联网技术的发展，很多物业公司开始引入社区O2O，利用互联网整合业主线上线下的多重需求，进行多重销售，比如进行社区团购，引进智能售货柜，发展金融理财产品等。有段时间，很多社区团购企业接连获得了千万乃至上亿元的融资，但也有很多公司在经历了融资扩张之后，效果远不及预期，客户留存、获得盈利等都存在问题，不得不走上裁员或调整路径自救的道路。

社区市场确实是一片蓝海，商机巨大。在第二种情况中，物业公司最本质的目标是利用好业主这个突破口，获得更大的利益。这无可厚非，但是大家忽视了获得成功的必要前提：一方面，做好物业公司该做的本职物业服务工作，为小区业主提供最基本的整洁、安全、便利、和谐的生活环境，倘若连最基本的服务都保障不了，物业和小区业主之间龃龉不断，物业公司又如何获得业主的忠诚，又何谈进一步的合作与交易；另一方面，物业公司要获得小区业主足够的信任，建立友好坦诚的连接。如果没有业主的信任，物业公司所进行的社区活动，对业主来说反倒是一种麻烦，业主不胜其扰，交易结构本身不牢固，效果达不到不说，还可能会在营销乃至其他环节上付出巨大的成本。很多公司并没有意识到这一点，最终顾此失彼，在社区市场中败下阵来。

那么，在当下的大环境中，是否有一种更健康、更良性的业主关系呢？长城物业通过"一应青藤－向东时光"项目，另辟蹊径，通过"心与心的连接"，构建了一种邻里新关系，借助中华民族传统文化和圣贤思想的浸润，从业主内心真正的需求出发，力求让业主找到共同语言，找到沟通纽带，重新修复邻里之间的信任。

长城物业在社区搭建的向东时光课堂，使社区成为"长者的乐园、孩子的学堂、太太的客厅、奋斗者的港湾、志愿者的舞台"，通过提供丰富多彩的社区文化互动活动，充分为业主搭建沟通的桥梁，充实每一位业主的生活，充分提高业主的安全感和幸福感。

其实在行业内外的人看来，长城物业做的很多事情都超出了物业服务行业的范畴，例如费心费力创办各种社区文化活动，组织中国传统文化的学习活动，组织志愿者为老人、儿童服务等。但陈耀忠不这么看，因为只有这样做才能够建立所谓心与心的连接，才能够真正地和业主坐在同一个板凳上。当物业公司迈出了建立连接的第一步，慢慢地，业主的满意度和幸福感提升了，物业公司和业主之间的信任关系也就建立起来了。通过实现业主真正的利益诉求，保证了业主和物业公司之间的友好合作。

在这种情况下，物业公司和业主之间原本的龃龉问题也就不存在了。长城物业分享了这样一个例子。在深圳的一个社区里，长城物业的一名员工去业主家处理违章装修的事情，结果被业主骂出了门。紧接着，业主开始在业主群里大骂这名员工。按照常理，业主群里的业主必然会和违章装修的业主在一条战线，一片附和讨伐物业公司。但是情况发生了变化，业主群里的其他业主开始为这名员工鸣不平，呼吁业主联合起来保护物业管家。最后，违章装修的业主因为听到了其他业主的呼声，自己主动改正了违章装修的部分。这么温暖人心的场面让人看到了物业公司和业主之间新的友好关系，以往处于对立面的两个群体成了亲密家人，这便是"一应青藤－向东时光"项目的价值。

诚然，"一应青藤－向东时光"项目并不一定是物业公司和业主之间最好的交易结构，但是从它目前取得的成果来看，转换思考的角度，真正地为业主考虑并展开行动，而不是单纯地为了自己盈利，不失为一种值得借鉴和学习的创新机制。

3. 充分为员工赋能

在打造社区生态圈的同时，长城物业也从未忘记与员工建立心与心的连接。长城物业从员工的角度出发，充分为员工赋能，引导员工个人梦想和公司使命融为一体，让员工充分参与到其他生态圈中，在为他人服务的过程中，实现自己的价值。

长城物业重视企业内部和员工之间的友好伙伴关系。其实早在1998年，依托《深圳市国有企业内部员工持股试点暂行规定》政策，长城物业就推出了"实行产权制度改革"的方案，职员股份占公司总股份的62%，通过此次改革，长城物业员工获得了一项重要的公司权利——控股权，这不但增强了员工的凝聚力和向心力，也迈出了员工和企业形成利益共同体的第一步。这是一个重大的转折点，从1998年开始，长城物业的业绩令人欣喜。员工持股制度像是为长城物业装上了一台动力引擎，以一种润物细无声的方式给予员工内驱力量，优化了企业的内在机制。

长城物业慢慢地从一个国企下属单位改制为员工持股的现代股份制公司，走上了市场化的道路，并一路茁壮成长。但随着企业的不断发展，曾经的股份激励机制逐渐丧失了原有的功能，企业管理制度衍生出的管理手段刚硬有余而柔韧不足。如何践行公司"建设一个使员工获得工作乐趣，实现个人梦想的工作环境"的核心价值观；如何让客户和员工真切体验到长城物业是一家"值得托付"的企业，成为长城物业需要重新思考的问题。

同样地，长城物业选择了从"心"出发，充分为员工考虑，让员工切实体验到"值得托付"的感觉。长城物业内部会组织员工一起学习传统文化。2017年5月学习刚开始的时候，推进得很艰难。公司总部建立了学习小组，在第一天上课的时候，有20个人前来学习，第二天只剩下了6个人。负责组织学习活动的员工觉得很受打击，但是在坚持下来之后发现，8天之后，学习小组的成员增加到了36个人。慢慢地，员工从传统文化中汲取到了知识，找到了力量和方向。通过学习传统文化，陈耀忠鼓励每一位长城物业人打开心扉，用大爱之心、感恩之心，真诚地对待业主、同事、事业合作伙伴乃至家人朋友，将自己化作青藤的一根枝条，充分地汲取养分，扎根社区，为社区更美好、更长远的发展而努力。他还鼓励员工充分考虑业主的利益诉求，"当员工对业主好的时候，业主会给予你一个认可，反过来会给员工一个正向激励"。

此外，不同于现在很多企业所追求的员工内部竞争赛马机制，长城物业采用的是绩效导向的激励机制。集团规划部总经理陈思分享道，如果一名员工本年的绩效不好或者业绩不达标，公司不会"一棍子打死"，而是采用更人性化的关怀，比如进行绩效访谈这样的有效沟通，帮员工找到结果不理想的原因，也会根据员工的不同能力情况进行内部调岗。员工的绩效考核指标也是符合长城物业的发展理念的，顾客满意度在绩效考核中占很大的权重，始终引导员工同其他利益合作伙伴建立心与心的连接。

（三）杜绝短视行为，坚持长期主义

亚马逊的杰夫·贝佐斯曾经说过："如果你做事情，把眼光放到未来3年，和你同台竞技的人很多，但如果你的目光能放到未来更长远的地方，那么和你竞争的人就很少了，因为很少有公司愿意做那么长远的打算。"坚持长期主义对任何公司来说都并非易事，在物业行业更是如此。

坚守长期主义，并不是要求你一定要制定一个不能更改的核心理念，而是在保证基本价值观不变的情况下，依据实际情况做合适的调整。长城物业发展的30多年间，让顾客满意的内核没有变化，但是经营理念做过两次调整。在前20年间，长城物业始终以服务业主、报效社会、努力成为物业管理的中华民族品牌为基本使命，公司也得到了快速的发展。随着时代的发展和自身认知程度的提高，长城物业发现应该更好地站在顾客的角度去阐释这个价值观，所以提出了"诚意链接+满意服务"的理念，并不断丰富"让社区变得更美好"的使命。通过上文，我们可以从长城物业的一系列举措中看出其坚守长期价值的行为，下面我们来分析长城物业面临的

危机和诱惑，以及做出长远决策的必要保障——"五年计划"，从而更深刻地理解一家企业如何才能坚守长期主义。

1.困境与诱惑并存，长城物业选择长期价值

近年来，物业企业在面对内外部的困境和诱惑时，更是难以坚持长期主义。在物业管理行业，持续上涨的各种物业成本和半市场化的物业服务费标准之间存在着持续矛盾，中小物业企业往往容易深陷其中，纠结于"服务品质和经济效益"之间的零和博弈。外部还有高估值的上市吸引不断撩拨着物业企业的初心。

诚然上市会给一个企业带来很多好处，它能带来诱人的资金和巨大的品牌影响力，但是上市毕竟不是一个企业发展的终极目标，它只是企业发展的一个里程碑。此外，如果按照长期共生的价值观，上市很容易让企业陷入追求短期利益的困境。我们也不得不承认，对于大多数投资人来讲，他们追逐的是快进快出的快速获益。创业者在投资方的压力下，形成了追求短期利益最大化的价值观与目标，就很容易丧失成为一家伟大公司的机会。

长城物业在面对内外部的困境和诱惑时，都能坚持长期主义，不为短期利益所困。在面对成本上涨的困境时，长城物业选择了用"三维"的思维去解决问题：增加思考维度，放长眼光，发现解决这个二维问题的核心是充分走进业主的内心，去解决顾客的核心诉求。和当下急于上市的其他物业企业相比，长城物业反倒显得从容。长城物业总裁梁志军说："倘若企业专注地致力于自己实际能力的强大，努力追求令企业员工、顾客和事业合作伙伴都非常满意，业绩是令人满意的，那么上市与否并没有那么重要。长城物业从未放弃上市，但是这需要合适的时机。如果从长远发展角度看，在短期内上市并不是长城物业最合适的决定，那我们便会暂时搁置这个计划。"

凡事预则立，不预则废。长城物业不仅在具体选择上坚持长期主义，更通过不断摸索和推演未来趋势，每5年都会审时度势地制订发展计划。从"一五计划"发展至如今的"三五计划"，长城物业将物业生态圈孵化器聚焦为三项主力业务。这其中变化的是业务本身，不变的是对长期主义价值观的坚守。

2. 系列五年计划，推动企业长远发展

长城物业创立于1987年，其前身是长城地产的房地产管理部，1993年成立了长城物业管理公司，1998年正式完成了市场化改制，成为中国最早完成市场化运营的物业管理企业。从长城物业的发展历史来看，它的很多决策都充满了前瞻性。但这并不意味着它的经营理念始终不会发生变化，它选择了在大方向不变的情况下，适时调整更新，不断地成长。

2012年之前，长城物业一直从事的是物业管理的常规业务，主要是做"四保一服"的基础工作。经过20年的摸爬滚打、经验积累和不断学习，长城物业在市场化背后积累了各个方面的能力。在2012年，长城物业推出了云物业服务的概念，明确了以满足顾客需求为最高目标，借用互联网技术提供多元的发展。在快速更新换代的时代，长城物业从来没有心急。陈耀忠董事长对公司的设想是："从2012年开始，我们给自己10年时间，做转型升级，为社区服务事业而努力。"

在2012~2017年的第二个五年计划（即"二五计划"）中，长城物业同时孵化不动产、养老、酒店、便利店、在线教育等相关业务，希望围绕物业来服务物业生态链。"二五计划"的时候，长城物业并不清楚自己最适合做什么，所以选择了多元尝试，孵化多类项目。在尝试的过程中，为交易而交易、为盈利而盈利的弊端逐步凸显，在业主身上的多元化变现并没有想象中顺利。虽然挖掘并满足利益相关者的多种需求是一个多元化盈利的方式，但物业公司若不能做好本职的物业服务工作，则难以与客户产生信任，而缺乏信任则会导致客户不会购买物业公司作为渠道方提供的各类商品与服务。因而在 2017 年后，长城物业更深刻地认识到服务客户才是物业公司必须坚守的长期价值。

因此在 2017～2022 年的第三个五年计划中，长城物业打算让"三驾马车"并驾齐驱：同时发展物业业务、社区运营和楼宇科技。而一应青藤项目更是辅助"三驾马车"，从中国传统文化的角度拉近业主之间的距离，成为打造熟人社区的利器。从核心业务的发展变化我们也可以看到，长城物业的整个企业战略是保持"诚意链接 + 满意服务"的核心大方向不变，同时把理念的内涵不断地具体化，使颗粒度越发精细。在对自己越发了解之后，在"三五计划"中长城物业进行了业务聚焦，核心业务的落地性和可操作性更强，也更有竞争力。

三、专家洞察：坚守长期主义，持续发展

长城物业在长期主义、价值共生基础上所坚守的"主观利他、客观利己"的原则、"诚意链接 + 满意服务"的核心价值观，已经成为企业独有的经营哲学，并且伴随着时代的发展衍生出了不同层次的内涵。在这条万里长征路上，长城物业已经迈出了坚实的脚步，但要最终实现这一美好愿景，仍有一段很长的路要走。

作者简介

魏　炜（电子邮箱：weiwei@phbs.pku.edu.cn），北京大学汇丰商学院管理学教授，院务委员会副主任，商业模式研究中心主任。

第六章

安踏模式与未来展望

安踏——中国体育品牌的代表,始终坚持"永不止步"的企业精神,通过品牌创立、零售转型、国际收购等战略举措,于2019年成为全球第三大综合体育用品集团。

| 专家解读 |

安踏的价值零售

在战略上,安踏的创始人丁和木先生与接班人丁世家先生、丁世忠先生坚持长期主义,坚信"安心生产,踏实做人"的经营理念,以做好每一双运动鞋、每一件运动服,满足所有消费者的需求为企业创立宗旨。安踏坚信,要想企业长青,必须一切以消费者为导向。在之后的发展中,安踏逐渐提出了"成为受人尊重的世界级多品牌体育用品集团"的宏大愿景,以及"将超越自我的体育精神融入每个人的生活"的长远使命。我们不难看出,为了实现上述愿景与使命,安踏坚持价值共生,与利益相关者建立生态共栖、交互生长、互惠互利的关系。

就战略演进而言,在1.0阶段,安踏着重管理生产质量,以为消费者做好鞋为主要目标,长期主义的理念开始萌芽。到了2.0阶段,安踏从"工厂制造"过渡到"品牌批发"阶段,通过与奥运会、央视、CBA签约合作,建立专业运动品牌形象,并完成从生产到品牌批发的构建，着重在二、三线城市渗透。安踏提出"我们需要变成价值链的领导者"的思想，并且建立了国内首个国家级的运动科学实验室，完成了为更多消费者提供更高质量的体育用品的目标。3.0阶段，针对消费升级，为了满足消费者的需求，安踏开始启动多品牌战略，收购了FILA等品牌；为了更接近消费者，安踏开始由批发为主转为零售为主，建立"品牌零售"，一切以消费者为导向，创造最好的购物体验。我们认为，在2.0和3.0这两个阶段，安踏重视品牌战略，是着眼于长期主义的发展。

4.0阶段，安踏实施"单聚焦，多品牌，全渠道"战略，以工匠精神专注于运动鞋服行业，做好运动鞋服；多品牌组合满足不同细分市场需求，满足消费者不断变化的需求；全渠道零售关注消费者体验，建立更好的消费体验。为了实现企业愿景与使命，安踏提出"安踏之道"与"价值零售"的新型销售模式，以消费者为核心，将安踏打造成一个对社会、行业、上下游企业、员工、股东以及消费者有价值的企业。我们认为"价值零售"模式的提出和实践，是安踏对"价值共生"的独特诠释。

——马旭飞

中国管理模式50人+论坛联席秘书长、

香港城市大学管理学教授

——林泽鑫

马来西亚大学博士生

安踏之道与价值零售

/ 中国管理模式50人+论坛联席秘书长、香港城市大学管理学教授 马旭飞
/ 马来西亚大学博士生 林泽鑫

一、安踏发展概述

1991年，福建晋江的一家制鞋作坊，丁和木先生在门口第一次挂上了安踏的标志。经过29年的发展，安踏已成为国内最大的集综合开发、生产和销售运动鞋、服、配件于一体的综合体育用品品牌公司。2017年，安踏体育市值突破千亿港元，成为国内首个千亿元市值运动品牌企业，在全球范围内成为第三大运动品牌。创立至今，安踏经历了四次战略转型，公司管理团队一直极其稳定。长期主义与价值共生两大维度共同贯穿了其整个

发展历史，成就了不断超越自我的安踏。

二、战略解读

（一）长期主义引领安踏发展

安踏的长期主义源于安踏创立之初（即安踏 1.0 阶段）的公司宗旨："做好每一双运动鞋、每一件运动服，满足所有消费者的需求"。而在安踏 2.0 阶段，企业文化内涵更加丰富，发展成"超越自我，永不服输"，形成了"永不止步"和"赢"的文化；在安踏 3.0 阶段，"赢"的文化在零售端进一步发展成"零售铁军"文化，确定了一切以消费者价值为核心的原则；在安踏 4.0 阶段，安踏提出了"单聚焦，多品牌，全渠道"战略，以满足消费者不断改变的个性化需求。在调研访谈中，我们发现在这四个阶段中，安踏一直遵循长期主义，不断发展企业文化，坚守为消费者创造价值的企业基因。

（二）价值共生助推企业增值

价值共生就是企业与利益相关者建立生态共栖、交互生长、互惠互利关系。为了成为一个对社会、行业、上下游企业、员工、股东以及消费者有价值的企业，安踏打造了其特有的"安踏之道"：以消费者为导向，以市场地位为目标，以贡献者为榜样，以创新为生存之本，做到在内部注重部门合作和集群协同，协同孵化新品牌，重视人才培养与员工发展；在外部更懂消费者，更懂上下游企业，尊重、包容合作伙伴。

具体在零售模式上，安踏建立了围绕消费者的需求，以数据价值、融合价值、体验价值、文化与团队价值来提升消费者价值的"价值零售"。为了更好地发挥 20 多个品牌的协同效应，安踏集团将品牌分成了三个品牌集群。在企业管理上,安踏通过建立供应链平台、零售平台以及集团内部的共享平台,共享资源,促进全产业链的价值提升。

三、战略演进

(一)安踏1.0——"生产制造":安心做事,踏实做人,质量立业

1981年,安踏第一代创始人丁和木先生开始在家乡福建晋江陈埭镇与友人合伙经营鞋厂。1991年,丁氏三父子统一了鞋厂名称和产品品牌,取名"安踏",寓意是"安心做事,踏实做人"。1991～2000年,安踏进入"生产制造"的1.0发展阶段,着重抓好生产管理,做好每一双鞋是这个时期的特点。在这个过程中,创始人将自身闽南人的文化特质——"爱拼才会赢",植入安踏的品牌基因,创立了安踏的使命:将超越自我的体育精神融入每个人的生活。

(二)安踏2.0——"品牌批发":品牌建设,文化创新

1. 品牌:签约赛事,建立专业运动品牌

1999年,面对悉尼奥运会即将到来这一契机和国内日益激烈的市场竞争格局,安踏签约了奥运冠军孔令辉作为形象代言人,推出了"我选择我喜欢"的品牌口号,并于2000年开启了2.0转型阶段,由生产型企业转型为品牌型企业,进入"品牌批发"阶段。在这种模式下,安踏授予分销商区域独家代理权,而分销商承诺不销售其他品牌产品。同时,其首创的"明星+央视"的营销模式,成就了安踏品牌的腾飞,营业额迅速从2000多万元增长到2亿元。

自此,安踏完成了从生产到品牌批发的构建,着重在二、三线城市渗透。从2004年开始,安踏更是连续三年赞助中国男子篮球职业联赛,成为

CBA 职业联赛运动装备唯一指定合作伙伴，此举打破了国际品牌垄断国内顶级赛事的格局。在此期间，安踏已经不再单一生产运动鞋，而是过渡到生产多类体育用品的阶段。

2. 科研：建立"中国体育科技孵化器"

着眼于未来的竞争布局，安踏于 2005 年花费近千万元资金，成立了被誉为"中国体育科技孵化器"的国内首个国家级的运动科学实验室。这是中国体育用品行业首家，也是唯一一家国家级企业技术中心。目前，实验室拥有国际顶级水平的研发团队，为安踏累计申请研发专利超过 1500 项，提升了安踏品牌的专业技术性，为企业的可持续发展提供了创新的基础。

3. 文化：建立安踏儿童战略与发展"赢"的文化

2007 年安踏上市，企业进入规范化发展阶段。2008 年针对童鞋市场的迅猛发展，安踏推出了安踏儿童战略，成为中国童鞋市场的知名品牌及领导者，并进一步提升了整体品牌的竞争力。在这个阶段，安踏的企业基因从"爱拼才会赢"，发展演变成"超越自我，永不服输"，形成了"永不止步"的文化，渗透到企业的每个环节。2000～2011 年，安踏的年营业额从 10 亿元发展到将近 100 亿元。

（三）安踏 3.0——"品牌零售"：收购高端品牌，建立零售铁军

1. 品牌：本土能力建设 + 国际品牌驱动

基于对中国消费市场的研究，安踏认为单个品牌不能满足所有消费者的需求，尤其是中国新兴中产阶级的需求，集团的品牌矩阵急需引进高端品牌以匹配。安踏在 2009 年收购 FILA 后，对 FILA 品牌进行管理模式、品牌定位、发展规划的全方位梳理，将其定位为高端时尚运动品牌，创出

了"身悦动，心优雅"（Live Your Elegance）的独特品牌调性。经过科学化的品牌管理、正确的品牌定位，并采用集团强大的管理模式，通过"本土能力建设＋国际品牌驱动"的双轮发展路径，安踏成功地在10年间将FILA打造成一个价值超过100亿元的品牌，使FILA品牌与安踏品牌形成差异互补。与此同时，安踏与中国奥委会达成战略合作协议，成为2009～2012年中国奥委会体育服装的合作伙伴，使安踏伴随中国选手走向世界。

2.零售：以消费者为核心，以零售为导向

2008年北京奥运会的成功举办，刺激了中国体育用品行业的高速增长，同质化竞争也越来越严重，最终导致了全行业危机。2012年，体育鞋服行业面临库存压力，自上而下的传统批发模式隔离了厂家与消费者间的信息沟通，上游厂商产能过剩，下游消费者需求萎缩，中间经销商在巨大的存货压力下亏本清货，甚至关店。

在这场危机中，安踏意识到不仅要与消费者建立强关联，还要加强对产业链和渠道的管控。于是，安踏启动了3.0转型，并提出"只有一个乙方"的概念，由品牌型企业转型为以消费者为导向的企业。具体而言，安踏开始从"品牌批发"转向"品牌零售"：对传统的"品牌批发"型企业来说，货出仓库就完成销售；而"品牌零售"型企业，一切以消费者为导向，为消费者创造最好的品牌体验，货到消费者才完成销售。毫无疑问，安踏的这次转型正是应对消费者升级的理念转型。

面对从1000家店到10 000家店的大规模转型，安踏在公司内部启动"以零售为导向"的业务模式转型，自建零售商学院，对所有终端进行培训，协助店面提高精细化零售。比如，安踏帮助零售商建立财务体系、人力资源体系和零售能力系统，并通过自建的"校准经营"系统，从运营、商品、财务、渠道、人力5个维度25个指标，分析分销商与门店的健康度。同时，安踏在品牌、产品、新业务领域自主创新，加强品牌的专业形象，提升品牌和产品的差异化。

2014年，安踏签约NBA，成为NBA官方市场合作伙伴以及NBA授权商，并成为首家被授权使用联名品牌的中国体育用品公司，品牌影响力与市场销量再次获得巨大提升。安踏再次恢复快速增长，超越竞争对手，进入百亿元销售俱乐部，成为中国第一大体育用品品牌。

在这次转型中，安踏奠定了以消费者作为核心导向的发展基础，建立了安踏"零售铁军"的文化，也开创了与利益相关者价值共生的"安踏之道"。

3. 文化：建立"零售铁军"文化

在经过一系列的经销商管理体系和激励策略变革后，安踏增强了对渠道的管控能力，并在这个阶段建立了"零售铁军"文化。"零售铁军"文化是"赢"的文化在零售端的进一步发展。"零售铁军"文化的建立与在经销商中的推广，加强了零售终端的执行力，确保了品牌理念能够从一线城市贯彻到七线城市的共10 000多家安踏的门店。安踏通过将"零售铁军"文化传播到经销商中，使经销商在管理门店和销售体系时，做到令必行，行必果，战必胜，严格贯彻了品牌的理念。

有些企业在遇到危机的时候，可能会选择更换管理团队，借助外力重新建立管理模式。然而，安踏的"零售铁军"文化令安踏依旧选择自己干，自己寻找解决危机的方案。坚信"以身作则是唯一的原则"，接班人丁世忠亲自带领管理团队，一年内走访500多个城市、500多家门店，做现场调研，然后研究解决方案，最后形成了一些在零售转型中的重大决策。安踏的铁军文化自上而下，触达每一个安踏人，贯穿整个管理体系，渗透到安踏的全品牌中。

（四）安踏 4.0——"单聚焦，多品牌，全渠道"：拓宽品牌矩阵，建立价值零售

1. 品牌：国际化多品牌战略，消费者全覆盖

从 2016 年开始，安踏集团进入了 4.0 发展阶段——"单聚焦，多品牌，全渠道"，以工匠精神专注运动鞋服行业；多品牌组合满足不同细分市场需求；全渠道零售关注消费者体验；集团化运作强化资源整合。安踏以多品牌、消费者全覆盖、渠道全覆盖的布局来满足市场发展的需求，并陆续引进更多的优质品牌。包括英国的斯潘迪、日本的迪桑特、韩国的可隆体育等在内的多个国际品牌陆续加入安踏的品牌阵营，丰富了品牌矩阵，满足了更多消费者的不同需求。2019 年，安踏开启了国际化进程，收购了国际知名的体育用品集团——亚玛芬集团。亚玛芬旗下的萨洛蒙、始祖鸟、威尔胜、颂拓等都是知名的细分品类的国际领导者，随着并购的进行也都加入了安踏集团的品牌阵营。

2. 零售：建立安踏之道与价值零售

随着安踏并购越来越多的国际品牌，安踏的文化也吸纳了尊重与包容的国际化元素，越来越丰满。在坚守"零售铁军"文化的同时，安踏认为，越是多品牌，越需要尊重与包容。在新的发展阶段，安踏坚持"尊重差异，包容多样，相互欣赏"的原则，营造开放包容的氛围，坚持以贡献者为榜样，使贡献者得到合理的回报。在这个背景下，安踏适时提出了"成为受人尊重的世界级多品牌体育用品集团"的愿景。

为了实现这一宏大愿景，安踏认为必须在多个维度达到受人尊重，必须做到与利益相关者价值共生，明确了"以消费者为导向，以市场地位为目标，以贡献者为榜样，以创新为生存之本"的安踏之道。在内部，安踏注重部门合作和集群协同；在外部，安踏要更懂消费者，更懂上下游企业，

尊重包容合作伙伴。同时，安踏强调"价值零售"必须以消费者为核心，积极研究所有零售模式，将安踏打造成一个对社会、行业、上下游企业、员工、股东以及消费者有价值的企业。

安踏提倡诚信感恩，笃信诚实正直、信守承诺的处世原则，永怀感恩之心，善尽社会责任。安踏集团一直积极履行企业社会责任，在社会公益事业上已累计投入超过6.2亿元人民币。安踏集团董事局主席兼首席执行官丁世忠，在第十五届（2018年）中国慈善榜中，荣获年度十大慈善家称号。

我们认为，企业的高质量发展与长期主义和价值共生是高度关联的。作为一家全产业链企业，安踏一直坚持与上下游合作企业共同发展的理念，通过共生共赢获得尊重。为了确保整个产业链共同服务于共同目标，安踏强调所有工作必须以数据说话，并将供应链财务管理的经验传导到合作的供应商伙伴中。在安踏，财务人员是业务人员的合作伙伴，财务人员必须能够拼到炮火，跟业务人员一起战斗，将管理经验分享到整个供应链的企业，将运营支持和风控管理做到极致，全面提高供应链上企业的效率与稳定性。安踏对人才的发展非常重视，在组织架构、激励体系上，针对不同层级人才制订详细发展计划。2019年，安踏成立了安踏企业大学，既作为人才成长的摇篮，以在专业技能、管理技能、领导力等领域培养提升内部员工，又作为企业文化的研发与传播基地，让安踏未来10年的发展继续由企业文化领航。

面对消费人群、场景、理念的不断多元化，消费者的喜好变得越来越难以捉摸，安踏始终坚持"价值零售"，这是安踏制胜终端、以消费者为核心的零售理念的总结。安踏认为，品牌零售，最终要回归商业价值的根本，围绕消费者的需求，以数据价值、融合价值、体验价值、文化与团队价值来提升消费者价值。价值零售的核心是以消费者为核心的零售理念，让所有业务单位从商品的企划、设计、生产到零售，都围绕消费者做全方位的规划，而并非以企业业绩目标为核心。

（五）安踏的"创业新10年"：协同孵化，创新创业（创新战略）

1. 品牌：划分三大品牌集群，协同孵化新品牌

2018年，安踏提出未来的10年是安踏的"创业新10年"。为了实现"成为受人尊重的世界级多品牌体育用品集团"的宏大愿景，安踏进一步提出了"协同孵化，价值零售"的战略主题，充分发挥强大的协同优势，包括品牌协同、平台共享和数字化管理。

2019年，安踏集团在组织架构上做了全新的规划，根据消费者的需求将所有品牌划分成三大品牌集群：第一个集群是专业运动集群，包括安踏、安踏儿童、斯潘迪、AntapluS；第二个集群是时尚运动集群，由FILA的四个品牌组成，包括FILA、FILA Kids、FILA FUSION潮牌、FILA ATHLETICS；第三个集群是户外运动集群，包括迪桑特、可隆体育和亚玛芬集团旗下的所有品牌。在这三大品牌集群的基础上，安踏将协同孵化出一系列价值超过10亿元的新品牌。

2. 管理：建立四大共享平台，协同赋能

安踏建立了四大共享平台——供应链平台、电商平台、物流平台、财务平台。其中，集团内部的共享平台，包括IT、人力资源、财务等，以此促进整个集团更高效地协同发展，并降低了企业的运营成本，实现了企业更好的管控，从而让新品牌在集团平台上快速孵化与成长。

3. 智造：数字化转型，建立"智慧安踏"

数字化转型是安踏集团的重要战略方向。安踏集团利用数字化技术让企业离消费者更近，让员工可以更有价值地工作，进而让企业价值最大化。安踏集团从整个供应链源头到品牌的全价值链流程，以及整个零售端，去研究每一个消费者的所有信息，尤其注重对核心会员的研究。作为集团数

字化产业链的"排头兵",安踏智慧门店融合了云货架、压杆互动屏、安踏优 Mall 和仪器测鞋四个"智慧功能",以获取消费者行为偏好的数据,并将数据提供给生产研发环节做出相应的调整,"智能化电子导购"令消费者享受了更直观全面的商品介绍和更有趣的互动体验。

安踏集团在产业链数据化上的投入更巨大,尤其是在晋江建立了以物流为核心,汇集智能工厂、研发中心功能的一体化产业园。产业园通过 CRM 信息系统流转,将每个门店和总仓直接关联,通过大数据中心,实现对单品、单店甚至单个城市数据的掌握,为公司运营管理提供重要数据支持。同时,安踏可以在物流方面实现单店一比一配送,从而实现库存的精确控制,降低物流成本。

通过数字化转型,安踏积累着越来越多的数据,将更好地研究消费者需求,同时更好地提高产业链上企业的效能。一个更懂消费者,更懂上下游企业的安踏,将继续超越自我,铸造新的辉煌。未来 10 年安踏将继续将协同体系科学化,继续提高效率,将其打造成整个集团的一个竞争优势。

四、内在基本逻辑

(一)战略引导:"长期主义"和"价值共生"

在战略上,安踏的创始人丁和木先生与接班人丁世家先生和丁世忠先生坚持长期主义,坚信"安心做事,踏实做人",以做好每一双运动鞋、每一件运动服,满足所有消费者的需求为企业创立宗旨。安踏坚信要想企业长青,必须一切以消费者为核心,并且在之后的发展中,逐渐提出了"成为受人尊重的世界级多品牌体育用品集团"的宏大愿景,以及"将超越自我的体育精神融入每个人的生活"的长远使命。我们不难看出,为了实现愿景与使命,安踏坚持价值共生,与利益相关者建立生态共栖、交互生长、互惠互利的关系。

就战略演进而言，在 1.0 阶段，安踏着重生产质量管理，以为消费者做好鞋为主要目标，长期主义的理念开始萌芽。在调研中，我们不止一次感受到安踏高管和员工对于安踏产品质量的自豪，而这也是这家龙头企业保持长青的基石。到了 2.0 阶段，安踏从"工厂制造"过渡到"品牌批发"阶段，通过与奥运会、央视、CBA 签约合作，建立专业运动品牌形象，并完成从生产制造到品牌批发的构建，着重在二、三线城市渗透，提出了"我们需要变成价值链的领导者"的思想，完成到生产多类体育用品的阶段过渡，并且建立了国内首个高科技的运动科学实验室，安踏完成了为更多消费者提供更高质量的体育用品的目标。3.0 阶段，针对消费者的升级，为了满足高端消费者的需求，安踏开始启动多品牌战略，收购了 FILA；为了更接近消费者，安踏开始由"品牌批发"转向建立"品牌零售"，一切以消费者为导向，创造最好的购物体验。我们认为，在 2.0 和 3.0 这两个阶段，安踏重视品牌战略，践行了长期主义。

4.0 阶段，安踏集团执行"单聚焦，多品牌，全渠道"战略，以工匠精神专注运动鞋服行业，做好运动鞋服；多品牌组合满足不同细分市场需求，满足消费者不断变化的需求；全渠道零售关注消费者体验，建立更好的消费体验。为了实现企业愿景与使命，安踏提出"价值零售"的模式，以消费者为核心，将安踏打造成一个对社会、行业、上下游企业、员工、股东以及消费者有价值的企业。我们认为"价值零售"模式的提出和实践，是安踏对"价值共生"的独特诠释。

（二）模式助推："价值零售"和"协同孵化"

从品牌批发到品牌零售，再到价值零售，安踏一直探索着更好的模式。丁世忠先生曾说过："做好产品太简单了，做对产品太难了。"面对消费人群、场景、理念的不断多元化，消费者的喜好变得越来越难以捉摸，安踏在消费者的空间里匹配对的商品与体验，坚持"价值零售"。我们再聚焦到"价值零售"上来。这一模式，确保了安踏回归商业价值的根本，围绕消费者的需求，以数据价值、融合价值、体验价值、文化与团队价值来提升消费者价值，也促使安踏与社会、行业、上下游企业、员工、股东以及消费者建立共生互惠的关系。在企业内部，安踏推行品牌矩阵协同并建立四大共享平台，促进品牌间的协同与新品牌的孵化，同时，通过数字化转型，进一步为全产业链企业赋能，进一步了解消费者需求和提高消费体验。

（三）文化引领：从"爱拼才会赢"到"零售铁军"

文化有着终极的力量，拽着人，拽着企业不断前行。安踏的企业文化源于创始人的闽南人特有文化——"爱拼才会赢"，并在安踏生根发芽、根深蒂固，逐渐形成"永不止步"的文化，促使其不断进行品牌提升与产品升级，让其在 2000 年营业额突破 10 亿元，2011 年达到将近 100 亿元。即便 2012 年体育鞋服行业面临库存危机，为应对消费升级，安踏也依旧"永不止步，超越自我"，通过"零售转型"，建立"零售铁军"文化，顺利渡过难关，并于 2014 年进入百亿元销售俱乐部，问鼎中国第一大体育用品品牌。2016 年永不止步的安踏，迈进了 4.0 阶段，借助多品牌国际化战略，收购了众多国际知名体育品牌，吸纳了国际品牌包容与尊重的元素，丰富了企业文化的国际性，助推安踏提升品牌协同程度，并提出孵化新品牌的目标。2018 年，安踏将未来的 10 年定为"创业新 10 年"，重申了企业文化将继续领航安踏，鼓励全体员工弘扬"零售铁军"文化。

我们不妨做个简单的语义分析。安踏"永不止步"文化中的"永"有着长期主义的内涵，而对"包容"和"尊重"两大元素的重视，则体现着价值共生的逻辑。

五、专家洞察：期待价值零售 5.0

随着环境与价值观的改变，国人的消费观念也不断在改变，年轻人更加注重个性，追求更率性自由的生活，休闲运动类产品的需求在 2015 年出现了大爆发。2018 年，以黑马姿态出现的美国运动休闲品牌斯凯奇（SKECHERS），其运动鞋在中国销量达到 1900 万双，全球销售额约 300 亿元人民币，在中国销售额约 140 亿元人民币，在中国市场的增速达到 36%，市场份额仅次于阿迪达斯、耐克和安踏，位居第四位。另外，2018 年，作为国内运动用品行业第一代理商的滔搏运动，以全国 8300 家店，年营收高达 325.5 亿元人民币，超过安踏，占据了行业 15.9% 的份额。这家有着新经济基因的公司，每天客流量达 200 万人次，拥有 1800 万名注册会员，旗下电竞俱乐部成立了拥有英雄联盟 LPL 席位的 TES 战队和王者荣耀以及绝地求生战队。

2022 年，北京将举办冬奥会，杭州将举办亚运会，2023 年亚洲杯等体育盛事将在中国举行，这些体育赛事势必会继续推动国内体育运动消费的发展和新一轮各大体育用品服务商的激烈竞争。面对前有耐克、阿迪达斯与滔搏运动的堵截，后有斯凯奇与李宁的追赶，安踏能否在企业文化的领航下继续永不止步，超越自我？能否在这场国际竞争中，继续不仅"做好产品"，而且"做对产品"？能否借助"协同孵化"和"数字化转型"继续抢占先机？安踏又将迎来怎样的 5.0 时代呢？而面对未来的不确定性，安踏在长期主义和价值共生上又会有怎样的坚守与创新，让常胜之道可持续呢？

作者简介

马旭飞（电子邮箱：maxufei@gmail.com），香港城市大学管理学教授，新加坡国立大学战略管理博士，中国管理模式 50 人 + 论坛联席秘书长。曾获

AIB 最有前途学者奖、邓宁学者以及国际企业管理顶尖期刊 JIBS 银质杰出贡献奖章。

林泽鑫（电子邮箱：ansonlin2009@gmail.com），马来西亚大学博士研究生，先后就读于广东外语外贸大学、中国人民大学、香港城市大学、美国加州大学伯克利分校。研究方向为中国企业战略管理与创新发展模式、深港创新与创业生态系统。具有多年的管理咨询与实操经验，曾在金融上市公司与新创企业担任管理岗位。

第七章

德龙[⊖]模式与未来展望

德龙钢铁——民营钢企代表，始终追求高质量发展，是行业"绿色环保""精益管理"的示范标杆。其领导者一路践行着民营创业者"钢铁报国"的初心和梦想。

| 专家解读 |

德龙钢铁的价值共生模式

长期主义是企业的战略价值取向，价值共生是企业的价值创造模式，德龙钢铁是民营钢企平衡与融合经济效益、社会效益、生态效益的典范，在发展过程中形成了独特的德龙钢铁绿色价值共生模式。

钢铁报国是德龙钢铁的愿景与使命，它要求德龙钢铁必须坚持长期主义、可持续发展理念，为社会创造更大的价值。德龙钢铁的长期主义包含四个层次，第一是坚守，第二是深耕，第三是眼界，第四是胸怀。"坚守"要求德龙钢铁不忘初心，坚守专业领域与钢铁行业；"深耕"要求德龙钢铁不断改进产品质量，提升业务水平；"眼界"要求德龙钢铁用发展、全局的眼光看待问题，注重综合利用企业内外部各方力量保持企业稳定可持续发展；"胸怀"则要求德龙钢铁兼容并包，天人合一，以广阔的胸怀善待社会、善待员工、善待供应链企业、善待顾客，包天下之事，做天下之人，立天下之企。

⊖ 即德龙钢铁。

价值共生就是企业与利益相关者建立生态共栖、交互生长、互惠互利的关系。德龙钢铁的价值共生理念是达成企业与环境、企业与社会、企业与企业、企业与员工、企业与顾客之间的五维合一关系。德龙钢铁在环保投入上不设上限，处理废气废渣废水、循环利用，形成与环境的绿色共生关系；积极承担社会责任，截至2019年底累计上缴税金60多亿元，并进行教育慈善捐助，回馈社会；利用信息技术、数据分析整合上下游企业的供应链关系，收集、分析、发展顾客需求，提升业务素质与专业实力；以人为本管理与激励员工，实现了从人管人到制度管人，最终到文化管人的转变，以企业归属感、责任感形成员工凝聚力，激发员工积极性，实现文化引领企业发展的目标。价值共生深刻地改变了德龙钢铁的地位与格局，各方利益相关者关系的理顺为德龙钢铁带来业务的执行力、团队的凝聚力、企业的信任力，为德龙钢铁抵抗风险、持续发展提供强大的内外部助力。

在我们看来，德龙钢铁的成功在于坚持，坚持正确的战略价值取向，坚持做正确的事。这种坚持需要眼界、勇气、毅力与情怀，正是这份坚持，塑造了如今的德龙钢铁。

——谢志华

北京工商大学教授、博导

——许诺

中央财经大学博士、中国商业经济学会商业信用委员会专家委员会委员、浙江财经大学讲师

德龙钢铁的绿色价值共生

/ 北京工商大学教授、博导 谢志华
/ 中央财经大学博士、中国商业经济学会商业信用委员会专家委员会委员、浙江财经大学讲师 许诺

一、德龙钢铁发展概述

德龙钢铁有限公司（以下简称"德龙钢铁"）隶属德龙集团，德龙集团是以钢铁为主，以金融投资、智慧物流、MRO电商、再生资源、能源环保为辅的大型集团，下属有德龙钢铁、唐山市德龙钢铁有限公司、邢台德龙机械轧辊有限公司和德信钢铁有限公司等。德龙钢铁成立于2000年，下设烧结、炼铁、炼钢、轧钢和动力五个分厂，具备年产铁、钢、材各300万吨的能力，现有职工3700多人，2005年在新加坡联交所上市。产品主要

销往河北、河南、山西、山东和天津等区域。产品质量优于国标，并根据不同客户需求量身定制。德龙钢铁凭借优质的产品和良好的企业信誉，为客户提供了超值的产品与服务。德龙钢铁是中国500强企业、国家高新技术企业、安全生产标准化企业。

德龙钢铁坚持自主创新和"产学研"结合的创新思路，不断加大新技术和新产品开发力度，创新生产技术和工艺，确保了公司产品的市场竞争力。德龙钢铁高度履行社会责任，截至2019年底，德龙钢铁累计上缴税金60多亿元。同时，德龙钢铁长期致力于慈善救助、抗灾救灾等社会公益事业，发起成立的北京慈弘慈善基金会是国家首批"5A"基金会，开展了"德龙助学金""员工互助基金""图书角"等多个慈善项目，受益人数达到60多万。

德龙钢铁的环保工作得到各级政府及社会各界的认可，环保指标均优于工信部设定的基准。2017年7月被评定为国家3A级旅游景区，为钢铁行业首家在生产企业的国家3A级旅游景区，2017年9月入选国家首批"绿色工厂"，2019年通过4A级旅游景区景观质量评审。

长期主义和价值共生贯穿了德龙钢铁的发展历史，是德龙钢铁的立业之基，以绿色稳定增长、以创新带动活力、以精益深化管理、以数字推动绩效、以文化凝心聚力，实现了企业与环境、企业与社会、企业与企业、企业与员工、企业与顾客间的价值合一，聚焦本业提供持续发展之本，绿色环保提供持续发展之基，数字精益提供持续发展之径，创新文化提供持续发展之翼。长期主义和价值共生共同构成了德龙钢铁可持续发展的关键要素，助力德龙钢铁不断自我超越。

二、德龙钢铁的绿色价值共生之道

（一）红色德龙

德龙钢铁生在春风里，在党的关怀下成长，钢铁熔炉红心向党，虚功实做党建引领建新功。自成立以来，特别是十八大以来，德龙钢铁坚持党建引领，秉承"绿水青山就是金山银山"的理念，潜心发展，贡献德龙智慧，引领绿色高质量发展；响应"一带一路"倡议，放眼世界，贡献德龙力量，共建人类命运共同体。德龙钢铁希望成为红色德龙、精益德龙、绿色德龙、创新德龙、数字德龙、幸福德龙（"六个德龙"），未来，德龙钢铁将不负韶华、不负时代，争做党建、管理、环保、发展、智造、文化"六大标杆"，引领中国钢铁绿色高质量发展，为实现中华民族伟大复兴的中国梦而努力奋斗。

（二）精益德龙

一切问题都是管理问题，一切管理都是思想问题。德龙钢铁大力实施精益管理，通过管理创新优化生产指标。德龙钢铁向丰田公司学习先进的精益管理经验，形成了"探之愈精、造之愈益"的精益观，使得公司利润中的60%是通过实施特殊贡献、吨钢创效、亮点管理"管理三大抓手"取得的，全方位杜绝浪费，深挖潜力，向管理要效益。例如炼钢厂连铸坯切割，职工对氧枪加强管理改造，切缝缩小了1毫米，一年减少浪费100多万元。

德龙钢铁采取了100多项管理创新措施，特别是850毫米中宽带钢生产线轧制窄带、高压线迁移、10万立方米煤气柜改造等，把不可思议、不可能变成了现实和可能。2017年，德龙钢铁依靠科学决策和精益管理，吨钢利润在河北省排名第一，累计实现利润同比增长150%，创经营业绩历史最高纪录，刷新生产技术指标历史最好纪录756项次。

德龙钢铁的精益管理理念，就是要培养员工认真做事的精神，坚持与时俱进、永无止境的变革创新精神，达到不断发现问题和解决问题，持续追求工作的更高质量、更高效率、更低成本的目的。精益管理没有止境，在各项工作都逐步向好的时候，关键是要能看得见问题，始终保持谦逊、冷静，要自我加压，主动学习。千难万难，不解放思想、转变观念是最大的困难。精益管理理念促使德龙钢铁积极主动谋求突破，追求精益管理的持续性和常态化，在竞争激烈的环境中不允许有丝毫的懈怠。与此同时，精益管理的实现有赖于德龙钢铁信息化水平与信息化技术的融合，推进德龙钢铁加速工业化、信息化两化深度结合，实现精益制造、智能制造、柔性制造。

（三）绿色德龙

德龙钢铁秉承"尽社会责任，创绿色财富"的环保观，积极响应国家关于大气污染综合整治的各项指示，"瞄准国际先进，环保投入不设上限"，高标准深度治理，打造绿色标杆。自2012年至2019年，德龙钢铁先后投资了超过27亿元实施了超过50个环保深度治理项目，各工序排放指标均优于国家特别排放限值。目前，吨钢环保运行成本达278元，环保治理力度和环保治理成效走在了行业的前列。绿色德龙不仅对环境污染治理提出了深层次的要求，而且将绿色厂区建设也纳入了理念贯彻的范畴。

1. 环保治理引领绿色标杆

2012年，德龙钢铁投资2300万元实施"引朱济龙"工程，年输送水量达500万吨，彻底结束了其采用地下水的历史。随后，公司还投资1.2亿元用于循环水池和软水系统改造工程。改造后，全部工业废水、部分雨水得到回收处理、循环利用，污水实现零排放；利用反渗透技术，厂区废水经过10道工序处理后，达到国家一级水质标准，可以直接饮用；大力发展节水技术。目前，公司吨钢耗新水降到1.7吨，达到国内先进水平。另外，为解决扬尘问题，公司投资了超过2.5亿元，增建5座全封闭料场，实现大棚内原料全封闭、地下通廊输送，每年减少扬尘3500吨左右。

自2008年开始，德龙钢铁主动压减25%的产能，年产能由400万吨缩减到 300 万吨，先后淘汰了 3 台 36 平方米烧结机、4 座 410 立方米高炉、3 座 35 吨转炉、5 座 70 立方米白灰窑，为化解过剩钢铁产能和环保治理做出了贡献。在压减产能的同时，德龙钢铁花大力气在循环节能、综合利用上做文章。公司建成水渣微粉生产线、四期煤气余热自发电、智能化生产能源管控中心、高炉冲渣水余热供暖等项目，使公司自发电率达到 70% 以上；在公司范围内推广变频节电技术，所有厂内运输车辆均更换为 LNG（液化天然气）新能源汽车，未来准备更换成电动汽车。从单项环保治理到产能淘汰再到综合治理、循环利用，德龙钢铁在环保上花费了巨大成本的同时，也收获了环保治理引发的产能精简与成本下降所带来的好处，环保治理进入了良好的生态循环。

2. 绿色厂区创建活力文化

继 2017 年被评定为国家 3A 级旅游景区、首批"绿色工厂"后，德龙钢铁提出了争创国家 4A 级旅游景区的目标，并以此为抓手，对厂区环境、生产现场、环保设施等进行深度治理和提升。德龙钢铁的绿色厂区目标是将公司打造成一个融"生产洁净化、制造绿色化、厂区园林化、建筑艺术化"为一体的 4A 级景区标准的现代钢铁旅游标杆企业，目前德龙钢铁厂区一年要接待近 8 万人的参观。

德龙钢铁发动全体员工进行厂区设计，构筑景观小品与钢铁雕塑。占地 10 亩[⊖]的"金刚园"内矗立着由员工设计并利用废旧零件和钢铁边角余料搭建而成的 215 个变形金刚，以及钢铁版《心经》、钢铁象雕塑、钢铁笙雕塑 4 项世界之最。由于环保治理的推进，水、烟、尘、渣在工厂内已"消耗殆尽"，这更加深了员工对厂区内在环境的保护情结，德龙钢铁逐渐完成了从绿化钢厂到"绿化职工"的转变。绿色德龙以无烟工厂和循环经

⊖ 1 亩约为 666.6 平方米。

济践行着世界级环保标准，扭转了钢铁行业高能耗、高污染的历史，实践着人与自然、人与人、企业与社会的长期稳定可持续发展。

（四）创新德龙

在技术创新方面，德龙钢铁坚持大投入、"产学研"相结合，大力推广应用新技术，先后开发出四大系列十余个新钢种，管线钢、SPHC（一般用热轧钢板）等冷轧基料荣获中国冶金产品实物质量"金杯奖"、冶金行业品质卓越产品奖等奖项。此外，德龙钢铁还着力进行工程机械用钢、汽车用钢、耐腐蚀钢等产品的研发，向高附加值产品要效益，向质量要效益，打造精品德龙。同时，德龙钢铁以 QC（质量控制）小组成果为抓手，大力推进质量管理工作。2017 年，德龙钢铁 QC 小组 17 项管理创新成果全部在河北省冶金行业评比中获奖。德龙钢铁应邀参加全国"冶金质量联盟杯"优秀 QC 小组竞赛现场发表会，其申报的"减少粗轧头尾镰刀弯"项目荣获二等奖。2018 年，德龙钢铁各单位 QC 小组已经完成了 22 项成果，质量管理水平得到了进一步提升。2019 年，德龙钢铁 QC 小组 16 项管理创新成果全部在河北省冶金行业评比中获奖，其中特等奖 2 项、一等奖 14 项，成为河北省质量标杆，同时获得"质量管理优秀推进者"称号。

德龙钢铁以课题为抓手，大力开展产品和技术研发。2017 年，德龙钢铁确立了 19 个课题，其中高新课题 16 个，研究费用近 3.4 亿元。2018 年，德龙钢铁确立了 29 个课题。2019 年德龙钢铁确立了 22 个课题，按照"周调度、月总结、季汇报"模式推进课题，全年研发费用近 4.6 亿元。创新本质上并不仅仅是获得革命性的发明与专利，这种发明与专利需要依赖基础学科研究的推进，是会带来根本性变革的创新，创新的本质应当是思维方式的转变，如果最为简单的工作流程调换次序能够带来效率的变化，也可以称作创新。因此，创新德龙其中一个层次的含义是，技术性变革来自研究团队，而产品质量升级主要来自工厂中的工匠。工匠对技术的研究与改进，对制作工艺的琢磨与改良，提高产品质量的同时还会带来成本的下降，是创新文化和产品结果的协同与实现的表现。每一道制作工序、每一次作业、每一个管理流程节点都有发生创新的可能，鼓励各种形式的创新成为创新德龙的重要内涵。

（五）数字德龙

数字德龙，就是要以价值为导向，通过互联网、大数据、云计算与实体经济的深度融合，促进管理的全面优化与提升，提高核心竞争力，支撑企业实现最佳经营业绩。数字化是支撑高质量发展的基础，它的核心是挖掘价值。数字化给管理者提供了海量的决策基础，使其可以将整个企业乃至整个产业链的资源进行整合，这种整合不仅仅是管理的整合、资源的整合，更是一种理念的整合。基于所搭建的信息体系，在受限的空间与时间中，能够对全局进行掌控，也就具有了无限扩张的可能性。

德龙钢铁通过互联网、大数据、云计算与实体经济的深度融合，优化炼钢流程，通过激光分析烟气中一氧化碳和二氧化碳的含量，并在炉壁上装声呐探测钢水中的化渣实时数据，来检测钢的质量。对于炼钢过程中的温度控制，通过以人工智能为基础的图像识别技术，对炼钢温度进行图像识别，形成以颜色区分的实时热力图，方便实时监控并对数据进行分析，最终落到质量管控的终点上。数字德龙将炼钢过程中影响钢产质量的一些变量进行提取并实时监控，通过数字技术进行收集与记录，并导入工艺模型进行分析，以此便可以实时控制冶炼过程，不光有实时检测还会有预测数据，出现问题可以进行实时调整，于是在整体上提升了炼钢质量的"命中率"。不仅如此，数据化也将深刻地影响熔炼的效率，在熔炼过程中，德龙钢铁靠智能化将"熔炼时间"缩短，从 2018 年 3 月以前炼一炉钢的 31

分钟缩短到现在的不到 25 分钟，实现了产品质量与生产成本的双重提升。

数字德龙具有无限扩张的可能性，数字技术的引入与内部管理结合可以实现精益管理和实时质量管控，而与外部供应商、外部顾客结合，则能够优化改善供应链上下游关系，减少供给与需求的矛盾，以超越组织边界的方式提供更高维度的协作与分工，实现资源在更大范围内的配置与效率在更广阔的空间中提高，这是数字化带来的整合优势，更是基业长青的有效助力。

（六）幸福德龙

德龙钢铁视员工为最大的财富，在员工幸福感、获得感方面，不仅仅注重物质投入，更注重以文化引导员工发挥主动性、创造性，在各自的岗位上实现更大的价值。大至德龙钢铁的教育慈善捐助、职工互助基金、高管对口帮扶，小至食堂卫生、老人生病、婚丧嫁娶、小孩上学、创造室、夏季送清凉、工作环境改善、医务室改良等，德龙钢铁的文化培育可谓无微不至。

德龙钢铁在文化培育上实现了文娱与产品合一、激励与创新合一。德龙文化讲究四力：推动力（激励机制，奖励及时到位）、压力（末位淘汰，打分制）、拉力（文化牵引，家庭荣誉培育）、控制力（建立制度，管住底线）。德龙文化处处体现着以人为本的文化培育理念，对"人"的激励，人管人是低级形态，制度管人是中级形态，而文化管人则是最高级形态。文化是内化于人心的内在动力源泉，外部强制约束在员工内在认同的前提下没有存在的意义与必要，文化的贯彻是激励员工并降低制度成本更有效且更长效的方式。

德龙钢铁从员工个人出发培育创新文化，各分厂成立了杨振海创新工作室、王鹏创新工作室、郭彦刚创新工作室等 8 个独具特色的员工创新工作室，形成了员工创新的优良土壤，对"五小"（小发明、小创造、小革新、小设计、小建议）创新活动进行了规范管理，截至2019年共开展了660多个员工创新项目，累计创造效益1000多万元，形成了全员创新创效的良好局面。德龙钢铁拥有国内最大的钢铁金刚园，它既是对德龙钢铁近年来环保治理、绿色发展、优秀业绩的一种肯定和赞扬，又向所有人展示了德龙员工的精湛技艺与"全员参与环保治理"的理念和"全员创新"的创新精神。

三、专家洞察：五维合一的战略要素融合是德龙模式的成功关键

长期主义和价值共生贯穿了德龙钢铁的发展历史，是德龙钢铁的立业之基，红色德龙、精益德龙、绿色德龙、创新德龙、数字德龙、幸福德龙构成了德龙钢铁践行长期主义与价值共生的六个不同维度，是德龙钢铁可持续发展所不可松懈的战略要素。德龙钢铁以六个战略理念实现了企业与环境、企业与社会、企业与企业、企业与员工、企业与顾客之间的五维合一。得益于六个战略相辅相成的配合与协作，德龙钢铁走出了一条资源整合与组织融合的创新之路，获得了企业持续增长的关键助力，形成了深耕专注提质量、全员创新变思想、精益管理得效益、数字覆盖整资源的格局。

（一）愿景引导：战略报国与持续增长

钢铁报国是德龙钢铁的愿景与使命，它要求德龙钢铁必须坚持长期主义、可持续发展观念，为社会创造更大的价值。德龙钢铁秉持钢铁报国的初心，经历了从"求生存"到"谋共存"再到"和谐共生"的合一状态，引领其深耕于钢铁冶炼，专注于业务素养，不以当下的财富排行、公司规模为竞争目标，而是将眼光置于持续发展与协同成长，以实现长期主义与价值共生为己任，处理好企业与各方利益相关者的关系，融合"六个德龙"

战略理念，实现经济、生态、社会、人文的相互融合，最终达成以钢铁为核心回馈社会、回馈环境、回馈国家的目标。

(二) 战略助推：五位合一与价值发掘

德龙钢铁以绿色稳定增长、以创新带动活力、以精益深化管理、以数字推动绩效、以文化凝心聚力，实现了企业与环境、企业与社会、企业与企业、企业与员工、企业与顾客之间的五维合一。钢铁企业如何汲取内外部的助力，形成与利益相关者之间的价值共生状态，共同抵御外部威胁与风险？其关键在于资源整合与价值发掘。以环保投入为例，德龙钢铁环保投入无上限，减排降尘的过程中实现了环境利益与经济利益的平衡，高昂的环保成本背后并不必然带来高企的产品成本，经过全员创新改进工艺流程与产品质量，通过精益管理降低产品成本，以数字化改进管理流程与管理思想，厂区环境改善又带来文化的培育与员工的归属感，最终以绿色回报环境、以利税回报社会。这种长期主义下的价值共生整合了环保投入与企业经营、员工激励、社会环境之间的资源，挖掘其与企业在经济、生态、社会、人文上的结合点，形成了新的价值创造模式，这种模式非但没有带来成本负担，反而使德龙钢铁与利益相关者共同成长，稳定、可持续地不断增长。

(三) 文化引领：文化培育与内化于心

德龙钢铁十分注重企业文化的培育，创新文化、责任文化、工匠文化、厂区文化处处展现着德龙钢铁的文化传递与文化传承。德龙钢铁对环境、社会、员工的关爱，对业务、创新、产品的精神，都源源不断地通过文化向所有人传递德龙的理念。德龙钢铁的精益、绿色、创新、数字等战略理念是通过文化贯彻的，对德龙钢铁精神的传递，对员工家属的照顾与关爱都不断强化着员工的归属感与集体荣誉感，如厂区的环境保护不再是一个需要制度约束的强制要求，而已然内化为员工对公司的关爱。文化的培育将公司战略深化于员工内心，培育文化本质上就是培育员工的思想观念，只有人的思想转变了，战略理念才能真正得到贯彻与实施。与此同时，文化一旦形成也将不断地、自发地影响组织中的新成员，使得文化能够自然而然地接替传承。

作者简介

谢志华（电子邮箱：xiezhihua09@163.com），北京工商大学教授、博导。现为"享受国务院政府特殊津贴专家"、财政部"会计名家培养工程"入选者。任教育部高等学校工商管理类学科专业教学指导委员会副主任委员、教育部学科发展与专业设置专家委员会委员、财政部会计准则咨询专家和管理会计咨询专家、商务部政策咨询专家和内贸专家、中国商业会计学会会长、中国商业经济学会副会长、全国消费经济学会副会长、中国商业联合会专家委员、中国会计学会常务理事、中国审计学会常务理事、中国成本学会常务理事、中国城市金融学会常务理事、中国注册会计师协会学术委员、中国内部审计协会理事、北京审计学会副会长。在《管理世界》《工业经济研究》《会计研究》《审计研究》《财政研究》、香港《信报财经月刊》等学术期刊上发表论文 400 余篇，出版专著 40 余部。致力于企业预算、国家治理、出资者财务等领域的研究。

许　诺（电子邮箱：losxunuodr@126.com），中央财经大学会计学博士、中国商业经济学会商业信用委员会专家委员会委员、浙江财经大学讲师。在《财政研究》《会计研究》等国家高质量期刊发表论文数篇，参与国家自然科学基金课题、国家社会科学基金课题 5 项，研究方向为公司财务理论、国有企业改革。

第八章

均胜模式与未来展望

均胜——一家位于浙江宁波的民营企业，成立于2004年，是高端汽车电子与零部件核心供应商。2018年，均胜的营收达到560多亿元人民币。这使均胜首次位列全球汽车零部件百强榜的前30名，这也是中国企业迄今为止在该榜单的最高排名之一。均胜的独特转型升级之路为中国企业提供了一个具有深刻启发意义的参考样板。

| 专家解读 |

"均胜模式"的五大基因

为了快速了解均胜发展的基本路径，我们从企业基因视角总结均胜的特色如下。

均胜的第一个基因是国际化程度高。均胜创始人王剑峰原本是学美术史出身，而一开始涉足企业管理就在民营企业、中外合资企业，以及《财富》500强外资企业担任总经理，带领众多外国总监一起经营管理公司，因此均胜具有国际化基因。

均胜的第二个基因是吸引聚集国际化高端人才。可能与王剑峰在中外合资企业的经历有关，也可能与他的格局有关，王剑峰特别重视招聘在国际著名大企业工作过的高管。王剑峰同时注重招收基层国际化人才。例如，从2005年开始，均胜在浙江大学采用英文面试，招收英文流利的大学毕业生。

均胜的第三个基因是与合作方共享利益，尤其是供应链合作企业，以及与其他公司，包括创意公司，共同开发产品。这在公司名称上可以反映出来。本来想用英文 Win-Win 作为公司名称，但这个名称被其他人抢先注册了，只能用"均胜"一词，就是一样的意思！

均胜的第四个基因是追求远大愿景。王剑峰特别强调均胜的制造工厂必须成为行业标杆，全公司要用 IT 技术武装到牙齿。这是为了让均胜成为世界高端汽车品牌的一级供应商。2007 年均胜开始成为大众、通用的核心（一级）供应商。目前，数字化转型对均胜而言是一个良机！均胜很早就开始生产线数字化，其研发流程采用 PLM（PDM 的升级版），而内部管理采用 SAP 的 ERP。

均胜的第五个基因是强调通过研发创新实现追赶超越。作为国际市场竞争的迟到者，均胜只能奋起直追。均胜的行动包括三方面：第一，每年研发投入大体是营收额的 7% ~ 8%，而且不断增加，目标是两位数；第二，向不同竞争对手学习，提炼综合它们各自的优点；第三，并购海外高端企业，以此提升均胜的国际竞争力，抵达全球行业顶端。

——李平（Peter Ping Li）
宁波诺丁汉大学商学院李达三首席教授、
美国创新领导力研究中心
大中华区研究总监

均胜转型：全球并购加速追赶与超越

/ 宁波诺丁汉大学商学院李达三首席教授、美国创新领导力研究中心大中华区研究总监李平（Peter Ping Li）
/ 宁波诺丁汉大学商学院博士 杨政银

高端汽车电子及零部件行业，一直是欧、美、日等发达国家的垄断领域，成立仅 14 年的均胜为何能够另辟蹊径，在较短的时间内，实现从技术、管理到市场范围和行业地位等全方位的突破式成长呢？此案例文章的目的就是研究均胜的独特转型升级之路，以此为中国企业提供一个具有深刻启发意义的参考样板。此案例文章的核心内容正是聚焦均胜的第五个基因，即注重技术创新，重点探讨均胜如何通过连续跨国并购实现企业转型升级[一]。总体而言,均胜的成功转型反映了长期主义与价值共生两大价值取向的必要性与有效性。

一方面,众所周知,无论是跨国并购还是连续并购,都是高风险的企业发展之路,所以连续跨国并购就难上加难。虽有蓝色光标和链家地产通过连续并购,吉利凭借跨国并购,实现企业急速跨越式增长的成功案例,但也不乏分众传媒和三九集团这样遭遇连续并购困境,以及上汽集团并购韩国双龙汽车铩羽而归的前车之鉴。另一方面,连续跨国并购的案例研究非常少见,因此本文就旨在对这种现象进行深入研究,揭示其中的独特路径机制,为中国企业提供参考与启发。我们研究的对象是均胜,因为它是中国企业连续跨国并购的成功案例。

2018年4月12日,均胜发布公告,称其子公司均胜安全系统(JSS)收购日本高田资产顺利交割。这笔花费总额高达15.88亿美元,并购了除高田PSAN(安全气囊)业务以外主要资产的一次"蛇吞象"式并购案,刷新了均胜连续跨国并购的记录。均胜此次并购高田,将使其成为全球汽车安全领域的真正巨头。据初步测算,并购完成之后,均胜的销售总额将达到550多亿元人民币,安全产品销售额将达到70多亿美元。这将使均胜首次位列全球汽车零部件百强榜的前30名,这也是中国企业已达到的较高排名。高端汽车电子及零部件行业,一直是欧、美、日等发达国家的垄断领域,成立仅14年的均胜为何能够另辟蹊径,在较短的时间内,实现从技术、管理到市场范围和行业地位等全方位的突破式成长呢?可以说,均胜硬是在市场夹缝中通过在发达国家("逆袭并购")的连续跨国并购(serial cross-border M&A),走出了一条充满风险与挑战的独特转型升级之路。

[一] 本文核心内容已在《商业评论》2018年7月号(总第189期)《连续跨国并购的"指数效应":"均胜模式"对企业战略转型升级的启示》中发表。

一、均胜连续跨国并购历程：长期主义的必要性

2004年，年仅34岁，但因继承家业已纵横商海十余年，还担任过5年合资公司总经理的王剑峰，带领着老部下成立了均胜。虽然志在打造国际知名的中国自主汽车零部件品牌，但均胜起家的产品却是很低端的塑料功能配件，包括发动机进气管、洗涤器、空调出风口等传统汽车功能件。在2011年以前，均胜对外公开的公司介绍还是"一家总部位于宁波的高科技企业，主要从事汽车电子零部件制造、房地产开发、项目投资及管理等业务"。彼时，均胜已成立7年，仍然面临着研发技术低端，无法避免同质化激烈竞争，进而制约长期发展战略的严重问题。均胜深陷竞争白热化的红海，国内的竞争者紧跟均胜的步伐，真正的核心技术则一直垄断在国际巨头手里，如天合、博世、大陆集团、西门子、伟世通、电装株式会社等。2012年仅博世一家在中国销售的汽车电子类产品就达417亿元人民币，中国汽车电子配件2000多亿元人民币的市场都控制在国外汽车电子零配件公司手中。同时，外资企业利用行业技术垄断地位将中国企业屏蔽在外，中资企业根本拿不到主要订单，而且国际汽车电子行业还有采购体系稳定、质量体系认证、工艺过程审核和产品认证过程繁复等行业壁垒。面对这样的局面，中国本土企业几乎走投无路。因此，中资企业只能生产车载娱乐系统、倒车雷达等低端电子产品，高附加值的动力系统、车身控制系统等的生产均被国外厂商控制。

均胜面临着同样的局面，面临着企业转型与命运的抉择。满足于低端产品的供应，均胜的毛利率将越来越低，迟早有一天会活不下去。当时还正是房地产行业暴利的时代，均胜还同时经营着房地产项目。如何取舍，何去何从？创业伊始，王剑峰就为均胜确立了与汽车制造主机厂同步设计及开发的发展理念。面对被美日德等国巨头牢牢把持的全球汽车供应链产业，以及彼时高达2000多亿元的中国汽车电子配件市场，一无核心技术，

二无合作大客户的均胜只能独辟蹊径,将寻求企业突破发展的目光投向了海外,想要闯出一条与众不同的发展之路。

均胜创立之后,在经历了几年的国内高速发展阶段后,通过一系列连续跨国并购,实现了企业自身的突破式成长,在较短的时间内实现了企业产业布局、营业收入以及行业地位几大维度令人瞩目的成就(见图8-1)。均胜通过一次次的连续跨国并购以及协同整合,已初步完成自身在汽车新能源动力管理系统、高端汽车电子智能化、汽车高端安全及车联网、智能制造设备制造等四大领域的战略布局,并形成了电池管理系统、驾驶员控制系统和自动化生产线三大核心业务。

1 创立(2004年)
- 均胜集团创立
- 均胜房地产公司成立

2 中国业务高速发展(2006～2010年)
- 2006:向大众、通用、福特提供零部件
- 2008:成为大众A级供应商、通用全球供应商

3 产品、业务和市场全面升级(2010～2012年)
- 2011.04:均胜在上海证券交易所上市
- 2011.05-2012.04:并购德国普瑞

4 业务全球化扩张(2013～2015年)
- 2013.04:成立均胜新能源汽车研究院
- 2014.10:与浙江大学共建"创新设计与智能制造联合实验室"
- 2014.08:德国普瑞公司收购IMA
- 2015.01:收购德国群英(Quin)

5 布局安全和智能车联(2016年)
- 2016.02:收购德国TS(TechniSat Automotive)
- 2016.02:收购美国KSS

6 "中国制造2025":智能制造(2017年至今)
- 2017.04:剥离均胜普瑞工业机器人
- 2017.06:收购奥地利M&R
- 2018.04:收购日本高田

2004 2005 2006 2007 2008 2009 2010 2011 2012 2013 2014 2015 2016 2017 2018……

图8-1 均胜突破式发展历程

与均胜连续跨国并购一同突飞猛进的,还有其连年激增的营业收入。从2006年的2300万元营业收入,持续增长至2017年的266亿元营业收入,11年间年营业收入增长逾1100倍,复合年均增长率(CAGR)高达89.88%(见图8-2)。

凭借傲人的成绩,均胜不仅在宁波的企业中异军突起,独树一帜,在2017年首次进入中国民营企业500强榜单,还迅速跻身全球汽车零部件顶级供应商之列,成为相关产品领域的龙头。比如,完成对高田的并购整合,就使均胜成为全球汽车安全市场第二大巨头。

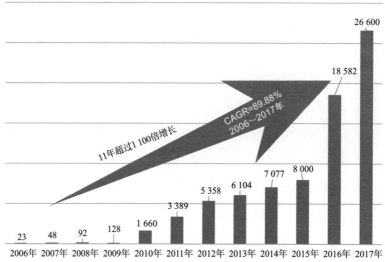

图 8-2　均胜近 12 年营收情况

均胜的发展史几乎每一步都有并购的助力，尤其是 2011 年之后的连续数次跨国并购，使均胜从一家以生产汽车功能件为主，兼营房地产的传统汽车零部件供应商，彻底地成功转型升级为全球知名的汽车零部件制造商。2008 年金融危机之前，均胜通过国内并购，实现了企业规模的扩大和市场份额的增长。金融危机之后，单纯的规模扩张已不能满足均胜长远发展的需求，于是均胜将目光投向海外，意图通过跨国并购来突破其在汽车零部件行业的天花板，以实现企业的跨越式发展。于是"从 2009 年起，均胜开始在全世界寻找目标，刚好德国也遭遇危机影响，当时我们管理层认为这是一个很好的机会。如果有足够的资金能够买一家德国的企业，突破技术壁垒，将非常有利于公司发展。"王剑峰回忆道。

均胜当时的战略是通过跨国并购实现：①扩充升级公司产品线，主营业务从生产汽车内饰功能性零部件拓展至生产高端汽车电子零部件；②实现全球化运营，市场从中国市场扩展至全球主要市场；③提高研发能力，成功实现转型发展；④提高管理水平，引进国际先进管理经验，打造公司国际管理水平；⑤最终实现均胜"走出去，引进来"的战略发展目标。战略目标一旦确定，接下来就是组织贯彻执行，所谓利用"天时地利人和"。国际金融危机提供了"天时"，身处中国这个全球最大的汽车市场为"地利"，均胜经验丰富又具备国际视野的团队为"人和"。从2011年起，均胜连续跨国并购的远大征程，徐徐拉开了序幕。

在很大程度上，均胜的发展史就是一部连续并购史，尤其是一部连续跨国并购史（见图8-3）。持续不断地跨国并购、整合、消化，再如此循环，构成了均胜发展壮大的核心战略模式，也贯穿了均胜由小到大、从弱到强的过程，成为均胜发展的主旋律。均胜进行跨国并购以来，具有一定规模和重要战略意义的连续跨国并购案如表8-1所示。

表8-1 均胜规模以上跨国并购案[①]

序号	日期	并购方	被并购方	并购金额	主营业务
1	2011年5月	均胜	德国普瑞74.9%股份	16亿元人民币	空调控制系统、驾驶员控制系统、传感器、电控单元、工业自动化
	2012年4月		德国普瑞剩余25.1%股份		
2	2013年8月	德国普瑞	德国Innoventis	56万欧元	软件开发
3	2014年8月	德国普瑞	德国IMA	1430万欧元	工业机器人的研发、制造和集成
4	2015年1月	均胜	德国群英75%股份	9000万欧元	高端方向盘总成与内饰功能件总成
	2018年1月		德国群英剩余25%股份	3180.83万欧元	
5	2016年2月	均胜、德国普瑞	德国TS[②]	1.8亿欧元	汽车行业模块化信息系统开发和供应、导航辅助驾驶和智能车联
6	2016年2月	均胜	美国KSS	9.2亿美元	主/被动安全系统
7	2016年5月	德国PIA[③]	德国EVANA	1950万美元	工业机器人和自动化系统的研发、制造和集成
8	2017年6月	德国PIA	奥地利M&R	—[④]	自动化技术
9	2017年11月	德国普瑞	挪威ePower	—[④]	电力电子系统研发和生产
10	2018年4月	均胜	日本高田[⑤]	15.88亿美元	被动安全系统

① 数据均来自官方媒体的公开报道；② 德国TS后更名为PCC；③ PIA为德国普瑞与德国IMA的合资公司；④ 德国PIA并购奥地利M&R与德国普瑞并购挪威ePower，因交易保密条款未披露并购金额；⑤ 并购日本高田除硝酸铵气体发生器之外的主要资产。

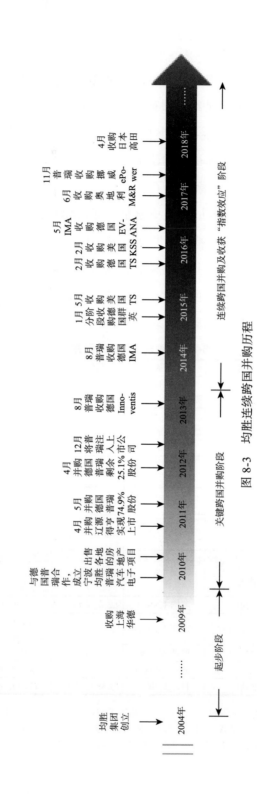

图 8-3 均胜连续跨国并购历程

二、"均胜模式"与"指数效应":长期主义的有效性

从 2011 年至 2018 年,均胜在 7 年内连续进行了不下 10 次跨国并购,通过这些并购,实现了从产业价值链低端向高端、由区域公司向全球企业以及从汽车零部件供应商转向行业新兴前沿领导者的战略转型升级,成功创造了"均胜奇迹"。这种在一定时间内(例如 3~8 年),通过在发达国家进行多次(一般 3 次以上)连续跨国并购,实现企业战略转型升级的"指数效应"成长模式,我们称为"均胜模式"(见图 8-4)。

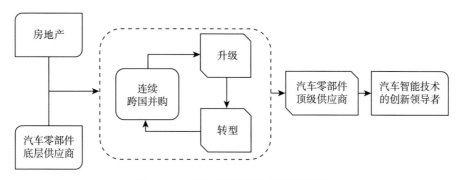

图 8-4 战略转型升级的"均胜模式"

"均胜模式"中的连续跨国并购不是线性、均衡的持续并购交易,而是有重点、有主线的跳跃式成长过程。纵观均胜的跨国并购历程,可以发现 2011 年并购德国普瑞,2014 年并购德国群英,2016 年并购德国 TS 和美国 KSS,以及 2018 年并购日本高田,是几次关键性的跨国并购案例。这几次并购之所以凸显出来,是因为不仅这些并购交易的金额巨大,而且这些跨国并购是均胜夯实当前主营业务,以及布局未来新兴业务的重要战略步骤。在每次关键性跨国并购之后,均胜都会有一定的消化、吸收、融合阶段,可以看出,得益于不断积累的并购整合经验,均胜的跨国并购休整 – 融合期越来越短,而跨国并购的体量却越来越大。

并购交易本身只是跨国并购万里长征的第一步，并购之后的整合更复杂，任务更艰巨。跨国并购的真正挑战在于并购后的整合，尤其是文化的融合。并购整合失败的案例，如德国戴姆勒-奔驰兼并美国克莱斯勒失败，明基收购西门子手机业务折戟沉沙，索尼并购哥伦比亚影业经历巨亏，美国在线收购时代华纳以失败告终等，不胜枚举。

均胜不仅成功跨越了跨国并购高达70%的失败率，而且以超出人们预期的成绩创造了"均胜模式"，关键就在于均胜对被并购方的有效整合。并购普瑞之后的5年间，均胜持续保持了20%以上的复合年均增长率，远超同行业平均增长率；在国际市场上迅速扩张，仅北美市场销售额的增长率就超过30%；好于预期的订单数量，充分保障了业务的可持续增长；新建中国、德国产品研发中心，实现了全球同步产品设计。同时，经过全球资源优化整合，均胜不仅在主航道——汽车电子零部件及面向未来的智能化、网联化和自动化等领域占据重要位置，而且拥有了较为全面的工业自动化及机器人领域的高端核心技术。依托国外被并购企业的先进技术、品牌和销售渠道以及管理经验，均胜同时在国内外进行全球布局，依靠战略优势、国际化的文化优势提供基础的方向引导与精神动力，依靠技术优势和品牌渠道优势提供产品质量保证与市场开拓能力。这些并购"溢出效应"或协同效应的斩获，正是"均胜模式"的价值所在，更是并购后有效整合的贡献所在。连续跨国并购后有效整合所产生的"溢出效应"可称为连续跨国并购的"指数效应"（见图8-5），成功连续跨国并购所带来的价值效应，远大于一次跨国并购或只简单叠加的跨国并购所产生的收益。

均胜从连续跨国并购中所获得的收益是全方位的，同时获取诸多方面的溢出效应正是"均胜模式"所特有的"指数效应"的真正价值。被并购方也在并购整合之后迅速恢复元气，或持续保持高速增长，很大一部分原因也在于连续跨国并购的"指数效应"。"指数效应"具体来说，指并购母公司在一定时间内（一般是3～8年）连续进行多次（一般是3次以上）跨国并购，使并购后的企业生态共同体在技术水平、管理能力、经营规模、市场范围及行业地位5个方面得到极大提升的突破式发展过程，"指数效应"是企业通过连续跨国并购而实现的"X次方"的指数级爆发式增长。

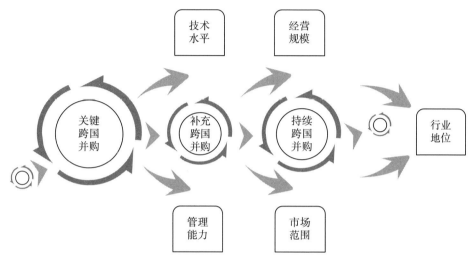

图 8-5　连续跨国并购的"指数效应"

以均胜为例，深入剖析连续跨国并购的"指数效应"，一方面可以验证"指数效应"模型的适用性，另一方面可以推导出连续跨国并购的实施路径以及关键步骤。"指数效应"的以下5个方面，在均胜的连续跨国并购历程中都得到了充分的展现。

（一）技术水平

均胜从低端的塑料汽车功能件起家，转型升级为高端汽车零部件研发制造、高端工业自动化智能制造的全球顶级供应商，已建立起分别位于德国、美国和中国的三大主要研发中心，工程技术和研发人员总共超过3000人，在全球拥有超1500项专利。因过硬的技术与质量，均胜及其子公司屡获顶级整车厂商的嘉奖，如宁波普瑞均胜分别获得"上汽大众 2017 优秀质量表现奖"和"上汽通用 2017 质量创领奖"，德国普瑞获得"通用 2016 年度优秀供应商奖"，均胜电子获得"2014 北美通用公司优秀供应商质量奖"，德国群英获得"戴姆勒 2014 年度供应商大奖"等。

（二）管理能力

并购之后均胜联合并购子公司优化供应链平台，降低采购成本，打造以亚洲供应商为主的供应商体系；吸收消化并购子公司的质量管理、研发管理等经验，并将卓越的运营管理模式在全球共享，同时并购子公司也从母公司学习来自新兴经济体的开拓精神、灵活性，多元文化的相互碰撞，在抵消掉磨合成本之后，就能凸显彼此"相生"的正面效用，从而使通过连续跨国并购形成的整个生态体的运营管理能力达到世界领先水平。

人才是管理能力的载体，"指数效应"对于人才战略同样具有倍增效应，比如，通过强调人才本地化，对并购子公司高管进行股权激励，倡导承认文化差异性以及尊重各自的文化，制订企业文化整合计划等方式，就能在包容、互信的企业文化之中，迅速培养出具备国际视野、全球化思维，同时深谙跨国经营管理的多元化人才。

（三）经营规模

均胜目前在全球拥有 30 多个生产基地，超过 2 万名员工，成立十几年来跑出了超过 1100 倍的增长速度。均胜电子 2017 年营收 266 亿元，同比增长 43.14%，净利润 3.95 亿元。并购日本高田之后，据业内人士初步预估，均胜的营收将达到 600 多亿元人民币。在一个竞争充分、高度国际化的市场，实现如此狂飙突进的规模增长，连续跨国并购的"指数效应"居功至伟。同时，并购也给并购子公司带来了规模的扩张，如并购后德国百年老牌公司普瑞保持了 20% ～ 30% 的年增长率。此外，均胜的产品线也从单一的汽车功能零部件，到主营核心业务涵盖了智能驾驶、安全系统、新能源汽车动力管理系统及高端汽车功能件总成等高附加值的领域，从规模到价值链站位都有了巨大飞跃。

（四）市场范围

通过连续跨国并购，均胜从偏安宁波一隅，到业务遍及 14 个国家，甚至一步跨入相对封闭的日本汽车市场。均胜 2016 年的全球收入区域结构为，欧洲占 40%，北美洲和亚洲各占 30%，均胜早已成为一个国际玩家。2009 年中国汽车产销量首次超过美国，成为世界最大汽车市场，而通过母公司的地缘优势，均胜并购的子公司可以很便捷地获取这一大块蛋糕。王剑峰在总结普瑞并购的发展状况时，曾这么自问自答："为什么这家公司（普瑞）成长很快呢？因为全球订单的中国部分它统统拿到了。"另外，均胜与主要汽车整车厂商客户均已形成伙伴关系，积累了优质的客户资源，比如宝马、戴姆勒、大众、奥迪、通用、福特等全球整车厂商与国内一线自主品牌，而且通过并购高田主要资产，进入了丰田、本田等日系品牌的供应体系。

（五）行业地位

均胜已初步实现其"成为相关产业发展的创新者与引领者"的愿景，在智能汽车电子领域的人机交互（HMI）产品中，均胜的空调控制系统排在全球市场前三位、北美市场第一位；方向盘控制系统排在欧洲市场前三位；中央控制系统的技术全球领先；电子功能件及总成、空气管理系统，中国市场份额第一；自主研发全套技术的发动机进气系统，中国市场份额第一；洗涤系统，中国市场份额第一；后视镜/加油小门，中国市场前四位，加油小门市场占有率第二；内饰件市场份额，全球排名前三，是高端及豪华车专属产品。并购日本高田之后，在全球汽车零部件百强榜上，均胜位列前30。在均胜未来的战略与目标中，成为"驾驶控制系统全球前三""新能源汽车动力系统全球前三"赫然在列。

三、"指数效应"的前提条件：价值共生的必要性

从均胜旋风般连续跨国并购的实践历程，我们可以明显看出，"均胜模式"起于2011年并购德国普瑞的关键一跃，这为均胜连续跨国并购得以成功打下坚实的基础。

德国普瑞成立于1919年，由雅各布·普瑞（Jakob Preh）创立，总部位于萨勒河畔的巴特诺伊施塔特，是全球高端汽车电子控制系统及模块的领先供应商，客户涵盖全球所有的高端车型生产厂商，在全球有6个生产及销售基地，拥有98项汽车电子专利，2010年销售额3.5亿欧元。2003年普瑞被私募基金DBAG（Deutsche Börse AG，德意志交易所集团）控股，此后连续多年保持两位数增长，但是一直没有涉足蓬勃兴起的中国市场。

均胜在搜寻国际并购标的时，一早就把目光锁定在了普瑞身上。但均胜的主动示好却被普瑞"婉言谢绝"，双方只是建立了高层互访的关系。2008年全球金融危机骤临，为均胜提供了千载难逢的机会。金融危机之下，DBAG控股退出期限将至，急于在普瑞遭受最小危机冲击时将其脱手。于是普瑞主动向均胜发出并购邀请，双方一拍即合，在短短数月谈判后即达成并购协议。

如此迅速及顺利的并购协商得益于均胜多年的充分准备：第一，均胜很早就瞄准了普瑞，对其开展了深入的调查研究，可谓"知己知彼"；第二，高层互访和并购前的合作，为双方彼此了解与互信打下很好的基础；第三，这虽是均胜第一笔跨国并购，但均胜对并购并不陌生，已在国内进行过多

次并购，而且均胜团队有很强的国际化经营背景，王剑峰本人担任过他与美国汽车零部件巨头天合集团的合资公司的5年总经理，均胜高管团队中还有如曾任陶氏化学中国区人事总监的郭志明等具备跨国企业管理经验的人才。

德国中小企业中并没有工会，而是有一个类似的叫职工委员会的机构。在跨国并购的常规性操作中，最令中国买家陌生的可能就是如何与工会或职工委员会打交道，因为这不仅涉及并购过程中如何留住核心人才，还将对并购后的业务整合与文化融合产生深刻影响。普瑞的职工委员会毫无意外地向均胜抛出了对中国企业"逆袭并购"的经典三问：

为什么要买这个企业？

你们来了之后有什么想法？

你们会不会把我们的设备、生产能力转移到中国，对我们的就业产生影响？

均胜没有像吉利的"浪漫诗人"李书福那样脱口而出"I love you!"，而是坦率真诚地表达了他们全面务实的思考及规划："我们买企业，以你们现在这个经济情况我们是不会买的。但我们对未来经济复苏有信心，看你们过去5年的报表，公司连续5年两位数增长，新技术、新产品都很好。你们在中国发展会有很大的空间，因为到目前为止，你们在中国还没有公司。如果你们保持这种良好势头，我们没有理由转移技术、设备。但你们必须支持中国的技术发展，中国肯定希望将好的技术（普瑞的产品技术）国产化，你们必须帮助我们。"

均胜用尊重、真诚和愿景打动了普瑞，赢得了普瑞的认可和支持。经过3年的并购整合及消化，均胜于2015年又开始了跨国并购的征程，直到2018年4月并购日本高田，均胜连续跨国并购的规模再次刷新了历史纪录。如果没有并购普瑞的成功，可能就没有后面一系列并购。正是并购普瑞——这关键一跃的成功，为均胜日后通过连续并购实现自身发展的跃迁，奠定了宝贵的经验、能力、资源和信心基础。

复盘均胜起始于2011年并购德国普瑞的连续跨国并购历程，我们可以总结出"均胜模式"成功实现"指数效应"的以下4个前提条件。

（一）远大战略格局

没有清晰的长远战略规划，特别是放眼全球的战略意图以及深刻的行业前景洞察，就不可能构想出"均胜模式"的宏大战略。高度决定深度，深度决定态度，高瞻远瞩的战略格局，以及洞悉精微的独到眼光，是孕育"均胜模式"的先决条件。均胜成立伊始，王剑峰就提出"突破技术天花板，往汽车电子的方向走"，"主攻汽车零部件，第一要搞自主研发，第二工厂要最先进"，进而将跨国并购作为突破式发展的主要手段。考察均胜发展历程，可将其视作中国汽车产业链里最有雄心壮志或拥有"超越性梦想"[⊖]的企业之一。

（二）利用国际落差

虽然经济全球化风云涌动已有很长历史，但全球化进程中的世界发展仍不平衡、不充分。发达国家与发展中国家的鸿沟依然存在，在这种国际落差中又有新的动向，就是以中国为代表的新兴经济体的崛起。国际落差也并非一无是处，落差既是无奈的现实，也是可以大有作为的难得机遇。从"均胜模式"中，可以看到利用中国的巨大市场体量、不断升级的市场需求，以及资本资源的力量，是完全可以撬动德国的先进技术、知名品牌、成熟渠道与先进管理的，进而实现落差双方为弥合这种落差而获得回报的共同发展。

⊖ 关于"超越性梦想"的详细介绍，请见《商业评论》2017年4月号（总第176期）《双重兼顾式巧创：袁家村草根逆袭神话》一文。

(三)企业家精神与能力

在长远战略规划的引导下,认清现实形势,务实笃行,进而把现在的理想变成未来的现实,就需要企业家精神与能力的催化作用。恰如在"均胜模式"的践行过程中,企业家及其团队对每一次并购的决策和具体操作,均精准到位,拿捏有度。成功完成一次跨国并购及其整合已非常不易,遑论成功地连续跨国并购,这就对企业家及其团队的企业家精神与能力提出了更高更难的挑战。

(四)"隐形整合"策略

中国企业成功的跨国并购整合,如吉利汽车、北一机床、潍柴动力和万丰科技等,大多数不约而同地采取了"隐形整合"的策略——一种表面上看似不整合,实则在宏观战略和周密选定的业务方面,以灵巧的方式进行深层次整合的并购整合策略。"隐形整合"[⊖]是一种独具中国特色的跨国并购整合策略,其背后的文化基因和哲学逻辑,正是源自道家与儒家的思想智慧:无为而治、和而不同、和合共生。

四、"均胜模式"的路径机制:价值共生的有效性

如果把连续跨国并购比作在行进中"打飞靶",那么成功的连续跨国并购就像连续打中数个"飞靶"。先快速瞄准一飞即过的靶子,果断开枪命中,再在高速变化之中迅速寻找下一个飞靶瞄准、开枪。连续跨国并购,就像是"在持续不止息的风中走钢丝"的高难度挑战。要成功实现连续跨国并购,获得超预期的"指数效应",就需要采取"先找准大方向,迅速开

⊖ 关于"隐形整合"的详细介绍,请见《商业评论》2017年10月号(总第182期)《隐形整合:中国企业"逆袭并购"的独特模式》一文。

枪,再微调坐标,连续开枪"的战略与战术。具体而言,就是需要培养有别于一般企业核心竞争力的双重动态能力,即战略性动态能力和战术性动态能力,以及对极速增长的企业集团进行通盘整合的总体整合能力,以此构成产生"指数效应"的路径机制(见图8-6)。

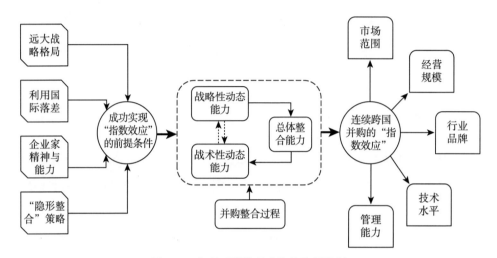

图 8-6 实现"指数效应"的路径机制

战略性动态能力,主要指对大方向的开拓性预判能力以及果敢周密的组织执行能力。这种动态之中的战略定力,是避免眼见到处是机会,四处开枪之后却颗粒无收的关键因素。战略性动态能力还表现为,在多次跨国并购的动态环境中,及时、适时对发展战略实施开拓式的调整,实现组织战略的开拓式跃迁。在急剧变化的环境中,线性的战略思维、静态的战略部署及执行能力,已无法使企业立于不败之地。企业应主动拥抱持续高速演变的外部世界,以一种极具前瞻性的战略思维来动态地谋划企业的未来。在连续跨国并购过程中,战略性动态能力得以逐步提升,其表现形式就是企业在下一次突破性跨国并购的方向选择上更具洞见性,而在实施执行上更具有效性。

战术性动态能力，意指开拓性大方向确定之后的持续性战略微调的判断能力和战略实施持续跟进的组织执行能力，也体现在多次跨国并购的动态环境中拿捏有度地持续调节各种资源的整合能力，类似于战术操作层面的"小步快跑"。在企业持续并购不断开疆拓土的同时，既需要进行新的并购以补充完善既定战略方向的经营布局，又需要稳妥盘活已并购的企业，这两方面都需要战术性动态能力的有力支撑。

对于总体整合能力，跨国并购最难之处在于并购后的整合，整合的最难处在于文化融合。对中国企业向发达国家企业发起的"逆袭并购"而言，文化差异之大与整合之难更甚。恰在这样高难度的动作中，中国跨国企业依靠自己的聪明才智，反而走出了一条"逆袭并购"的"隐形整合"之路，在看似不整合的策略之下，通过在最高层面的控股及战略协调，以及特定业务层面的选择性协同，巧妙实现了企业间的协同以及文化融合，这种"着眼于长期共赢、着手于条件成熟的具体业务"的总体整合能力，正是战略性和战术性动态能力培育和实现的机制。

战略性和战术性动态能力，分别对应了企业在不断跨国并购中的开拓和持续跟进这两类根本能力。这两重动态能力的演进和强化，是帮助企业凭借连续跨国并购，实现"指数效应"这一长期效果的路径机制。具体而言，企业远大战略格局与利用国际落差的指向作用，通过战略性动态能力得以实现，进而主要落实在连续跨国并购后的技术水平、经营规模和市场范围方面；企业家精神与能力及"隐形整合"策略的具体操作技巧则通过战术性动态能力来施展，进而主要体现在连续并购后的管理能力升级上。此外，这两重动态能力需要通过总体整合能力将动态能力转化为"指数效应"。换言之，连续跨国并购的成功，是企业在充分把握前提条件的基础上，凭借两重动态能力与总体整合能力的中介机制，进而获取"指数效应"的过程，最终体现在企业突破式发展后的领先行业地位。

以战略性和战术性动态能力为"体",以总体整合能力为"用",实现连续跨国并购"指数效应"的操作机制及过程,有以下三大步骤。

(一)开拓式并购:夯实战略性动态能力

开拓式并购是指在连续跨国并购中,具有战略开拓意义的并购,要么是通过并购进入全新的业务领域,要么是在既有的业务领域内通过并购实现重大业务方向的突破。从均胜的并购历程中,我们可以看出 3 次主要的开拓式并购:

2011 年 6 月,并购老牌汽车电子公司德国普瑞,一步进入全球汽车零部件供应商第一阵营。

2014 年 6 月,通过普瑞并购工业机器人制造公司德国 IMA(IMA Automation Amberg GmbH),该公司是一家成立于 1975 年的工业机器人公司,客户包括汽车、电子、医疗和快速消费品领域的一线跨国集团。

2016 年 6 月,并购美国汽车安全系统供应商 KSS 公司,布局汽车安全和智能车联。

在这 3 次开拓式战略布局中,成功并购德国普瑞的"关键一跃"是最关键的一次跨国并购,不仅一举使均胜进入全球汽车零部件顶级供应商之列,而且奠定了后来一系列开拓式和跟进式跨国并购的坚实基础。此役之后,经过 3 年的并购整合及消化,均胜在 2014 年和 2016 年又进行了战略开拓式的连续跨国并购,其对德国 IMA 和美国 KSS 的并购,分别属于在工业自动化和汽车安全领域的开拓式并购。

开拓式并购是针对行业未来发展趋势而做的探索式并购布局,既是企业战略性动态能力的具体体现,也对战略性动态能力提出很高的要求,因为这种战略布局应该与企业已拥有的资源相关,且与既定的总体战略大方向一致,而非盲目地或游离主业之外进行多元化并购。战略性动态能力的形成，可从均胜的并购历程发现规律，即在连续跨国并购过程中，确定一次或多次关键性并购，这些具有战略开拓性的并购，为企业的经营和未来发展指明了具体方向。战略性动态能力的"瞄准"作用、方向性指导意义，反过来看，既指向既定战略大方向的持续并购，又不断强化了企业的战略规划、调适和更新能力，这是从实践中来，又到实践中去的鲜活例证。

（二）跟进式并购：夯实战术性动态能力

在开拓式跨国并购确定的大方向以及拥有资源的基础之上，均胜在随后的 7 年中开展了一系列连续跨国并购，这些持续跟进式的并购案可视为既定战略方向的扩充，目的在于夯实及拓展已取得的技术和行业优势，进而获取规模经济，这些并购可称为跟进式并购，是连续跨国并购中战术性动态能力的具体体现。均胜主要的跟进式并购如下：

2013 年 8 月，通过普瑞并购软件开发公司德国 Innoventis，该公司是一家以汽车电子系统测试、软件模块及电子网络系统研发为主的创新型小公司。

2014 年 12 月，并购德国群英，该公司是一家聚焦于高端方向盘总成与内饰功能件总成的汽车零部件供应商，客户包括奔驰、宝马、奥迪等众多整车企业。

2016 年 1 月，并购德国 TS，该公司是一家汽车导航软件公司，拥有 1200 名员工，主要为德国大众提供车载娱乐系统和车载导航系统。

2018 年 4 月，并购日本高田除硝酸铵气体发生器之外的主要资产。

在均胜 2011 年并购德国普瑞之后的持续跨国并购图谱中，均胜对德国 Innoventis 和 TS 的并购，旨在对其汽车信息系统开发与智能化进行拓展；对德国 IMA 的并购（以及对德国 EVANA 和奥地利 M&R 的并购），则是为强化其在工业机器人与自动化领域的研发及制造能力；对美国 KSS 和日本高田的并购，是为了增强其在汽车安全系统方面的实力。

并购交易完成只是第一步，买完之后如何融合，进而实现协同，是跟进式并购过程中必须完成的更重要的任务。因而采取适宜有效的并购后整合策略就变得相当重要，战略性动态能力就在此转换为战术性动态能力。持续跟进的过程，就是战略性动态能力的方向把握、机会识别，与战术性动态能力的持续整合、协同发展进行交互作用，进而共同演进的过程。战术性动态能力的培育与实现机制是"隐形整合"策略，均胜在3次具有重要战略意义的开拓式并购之后，均会有后来持续的跟进式并购，相当于在其开拓式并购形成的主干之上，持续的跟进式并购不断填充繁衍，使企业最终长成"一棵枝繁叶茂的大树"。

（三）协同共创：夯实总体整合能力

中国企业在发达国家的跨国并购被称为"逆袭并购"，原因在于中国企业总体上还处于全球产业链的中低端，仍处于"微笑曲线"的中间位置，因此中国企业希望凭借中国市场的体量优势、不断升级的市场需求，以及中国企业家的突破精神，通过"逆袭并购"来实现"弯道超车"，快速向占据价值链高端的技术和品牌两端攀爬。中国企业的这些属性特征以及东方文化背景，决定了中国企业的跨国并购及其整合，将可能采取不同于西方发达国家企业传统的跨国并购整合方式。大量中国企业的实践也证明，因为并购动机、技术水平、吸收能力以及文化背景的不同，中国企业确实采取了独具特色的并购整合策略。

根据我们的研究，中国企业跨国并购中采取"隐形整合"策略的最终目的，是实现并购双方的共生共荣，这也是"指数效应"得以实现的重要一环。这一方面是因为双方优势互补，可发挥各自所长，另一方面也是双方协同共创、相互促进的结果。协同效应与共同创新的增值互惠，可以在合作技术研发、市场共享、联合采购与管理的协同增效等方面落实，这也是总体整合能力的具体体现。比如，均胜与其并购子公司在双方优势市场上借道进入，在联合采购方面降低成本，在管理上相互借鉴学习等，均胜还与其并购子公司普瑞合作成立均普工业自动化公司。战略性和战术性动态能力的最终载体无疑就落在协同共创上面，没有协同共创的实现，战略性动态能力和战术性动态能力就难以发挥作用。发挥总体整合能力以实现协同共创，需要通过以下两种重要机制。

1."无为而治"

中国企业"逆袭并购"中的"无为而治"是有规律可循的，包含顺水推舟"使其为"和顺其自然"可作为"两部分，因总体上看像"无所作为"，所以称为"无为而治"。

顺水推舟"使其为"包含两层意思。其一，"逆袭并购"中的标的，大都具有高价值的独特优势，诸如掌握先进的技术、拥有国际知名的品牌、建立了完善的市场渠道，以及拥有先进的管理水平等，这些领域价值的实现关键在人，在于被并购方原有的骨干人员，这恰恰是中方最大的短板，那么与其"越俎代庖"去操控这些并购方原本不擅长的领域，而很可能导致运营失败，还不如让原班人马自行管理运营，中方所要做的就是顺水推舟地充分授权、密切沟通和进行战略把控。正如王剑峰曾说的"海外并购之后，不能按照中国企业的那一套进行管理，而是用全球化的方式或当地的方式"，"如果这些'土著'的管理都出现问题，那么还有谁能胜任呢？把握好大局规划、维护管理层稳定，干好这两样就足够了"。所以，均胜并购普瑞之后，普瑞保持独立运营，原高管团队成员全部保留，在运营方面享有自主权。其二，并购方还需尽最大可能帮助被并购方更好地作为。在并购之前，就需要考虑清楚双方的互补性、并购方能为被并购方带来什么价值，因为协同共创是双向的创造性互补互助过程。比如均胜为其并购子公司快速占据广阔的中国市场提供了便利，根据中方的经验为对方管理的增效提出了有益建议等。

双方在磨合与融合过程中，会碰撞出能够协同增效的突破点，这就是**顺其自然"可作为"**之处。双方可从短期内可见到实效的点开始"共同作为"，比如利用被并购方先进的技术，双方共同对产品进行本地化改造，迅速将产品推向中国市场；进而逐步走向合作研发、共同开发面向未来的新兴领域等长远"共同作为"点。

2. "和而不同"

中国文化是一种强调"和"的文化，"家和万事兴""和气生财""和而不同"等俗语和理念就是这种文化气质的体现。中华文明也是一种主张"和合共生"的文明，中华民族从古至今都不是具有对外侵略性的民族，睦邻友好，世代和平，是我们中华民族的鲜明特色。即便在残酷的全球商业竞争舞台上，中国跨国企业或多或少都带有民族文化特征的烙印，或者说不可避免地受到几千年文化传统的深远影响。

根据我们对大量中国跨国企业"逆袭并购"的研究，大多数中国企业都采取了"和而不同"的并购整合方式，即保持对方的独立性、自主性，以发挥各自的优势，并不强求对方与中方绝对一致。这一现象的形成除了有文化背景和中国企业当前发展阶段地位的客观因素的影响之外，其实还有更深刻的全球化进程的内在诉求。

根据生物多样性原理，一个生物种群类别的多样性是保证该种群稳定性和环境适应能力的关键因素。与此类似，一个通过跨国并购组合而成的企业共同体，也只有保持其内部企业组成的多样性，才可能更大限度地保证这一企业命运共同体的稳定性和环境适应能力。在全球化日益向纵深发展的当今时代，以跨国并购方式连接起来的企业共同体，保持"和而不同"的组织形态，不仅是商业竞争的现实要求，也是世界商业文明进程的发展要求。尊重多样性、利用多样性，由此带来的创新创造的潜在价值，应远大于强求一致的价值。

五、专家洞察：长期主义与价值共生

在新常态、新全球化的历史背景下，面临着技术的不断升级、商业模式的不断翻新，以及行业的持续演变与颠覆，中国企业转型升级的重任迫在眉睫。作为实现中华民族伟大复兴的重要力量，中国企业和中国企业家该如何锐意进取？均胜给出了一个堪称典范的回答。回顾均胜发展史，梳理出通过连续跨国并购成功实现转型升级的"均胜模式"及其前因后果，以及"指数效应"的实现机制路径，我们既为均胜取得的成就感到振奋，也深感均胜的经验对其他中国企业有很好的借鉴和学习意义，包括：①体现长期主义的全球视野、天下格局；②体现长期主义的找准定位、锚定目标；③体现价值共生的互信共赢、步步为营；④体现价值共生的互补协同、隐形整合；⑤体现价值共生的和而不同、共生共荣；⑥体现价值共生的向外求援，向内求己。

作者简介

李　平（电子邮箱：peter.li@nottingham.edu.cn），美国乔治·华盛顿大学国际企业管理博士，宁波诺丁汉大学商学院李达三首席教授，美国创新领导力研究中心（CCL）大中华区研究总监，丹麦哥本哈根商学院中国管理领域终身正教授。

杨政银（电子邮箱：monsol@foxmail.com），宁波诺丁汉大学商学院博士。研究方向为中国企业跨国并购整合、中国传统哲学与现代管理及混序项目化管理。具有多年组织管理实践经验，曾就职于广东省汕头市发展和改革局。

第九章

大宋官窑模式与未来展望

大宋官窑——传承了传统工匠文化，创新性地把匠人精神传统与现代企业制度糅合，促进文化价值与商业价值的相生相长，引领了新时代中国民族手工业的国礼标准。

| 专家解读 |

匠心品质与匠人精神

一家高知名度的大公司，它的愿景、使命，可以让人们深刻体验到价值观的伟岸，坚信其长期发展的生命力。作为公众公司，它的价值创造与发展轨迹似乎无可遁形，人们视之为理所当然，而后发公司往往"学而不会"。但处于传统行业，经营有特色而行外名不惊人的"隐形冠军"的故事与逻辑，很多时候会让大家更感兴趣，这样的案例也更具有示范性。大宋官窑公司便属于这种"小而美"的公司之一。它在钧瓷行业中把匠人文化传统与现代性结合，在传统与现代、文化与商业的矛盾张力中找到价值共生的路径并长期坚持，值得一品。

"一件世代相传"的匠心品质与顾客价值需求的融合，匠人精神与现代企业制度结合的治理机制，让大宋官窑确立了价值共生的成长逻辑，为公司长远发展打下了坚实基础。在共生价值的引领下，公司在技艺和品质上继承宋代官窑不入宫廷即为玉碎的"砸瓷"心法，20年来凡非精品必为玉碎，以此立规、明制、立技、罚失、奖优，由此获得高效、稳定、精妙的钧瓷尚品；在研发与营销上，以20%的技术团队、10%的研发技改投入和打破行业营销模式的举措，成就钧瓷行业的先锋旗手之誉。

大宋官窑公司用钧瓷的道场、团队的组织模式、文化与利益的价值分享，集合钧瓷精英共创钧瓷价值文化，以品牌的高能投入、网络的数字赋能和开窑的互动体验让钧瓷向世界"说话"，让世界为钧瓷赋能，从而实现钧瓷、公司和用户的价值共生与文化长生。季羡林先生称赞大宋钧瓷："和今天时代发展的主题结合起来，以中华民族最经典的文化使者身份向世界开口讲话。"

——乐国林

青岛理工大学教授

"创新引领传承"：大宋官窑的共生价值型成长

/ 青岛理工大学教授 乐国林

一、大宋官窑发展概述

大宋官窑股份有限公司（以下简称"大宋官窑"）是集陶瓷文化艺术服务、研发、设计及销售高端陶瓷产品为一体的民营股份制公司。公司成立于2005年8月11日，注册资本5500余万元，现有员工226名，拥有中高级工艺技术职称人员85人，占员工总数的37.6%。公司立足于宋代官窑传承者的定位，传承了宋代官窑的制瓷工艺和精髓，"窑火凝珍"凝结出火与人的艺术，"求珍去凡"恪守着官窑的甄选标准。公司主要产品系列包括盛事国礼系列、专属定制系列传统器型系列、礼茶系列、小件作品系列、大珍观赏系列、重器系列、奢华典藏系列、年度作品系列、典雅酒具系列等十大系列共400多种造型。

大宋官窑重视传统技艺的传承与工艺的时代创新。公司在新产品的研发方面，每年直接研发经费投入不低于销售收入的4%，研发与技改投入占当年销售收入 10% 左右，在继承传统技艺的基础上不断创新制作方法和工艺，对钧瓷行业的发展起到了极大的推动作用。公司在钧瓷企业内率先采用液化气烧制替代传统的煤烧工艺，大大提高了钧瓷的成品率，并逐步形成了一套系统化、标准化的工艺流程与现代化的质量管理体系，使钧瓷走向了产业化发展道路。截至目前，大宋官窑获得国家专利 171 项，使整个钧瓷行业获得国家专利由 20 年前的空白迅速增长至 1200 多项。

大宋官窑在行业内率先提出"做钧瓷是做作品而不是做产品，好的作品必须有内在的品质"的理念。公司不仅仅是在烧瓷、卖瓷，更是在推销一种文化、一个品牌。作品秉承宋代钧瓷官窑"只留精品珍品、残次品一律砸碎"的原则，在尊重艺术的基础上甄选精品，实现打造中国瓷器品牌的高端定位目标。公司先后荣获"国家级文化产业示范基地""国家级高新技术企业""河南省重点文化企业""省级企业设计中心""中国十大名窑"等荣誉称号。

大宋官窑精于传承，胜在创新，在把握时代发展脉络的同时，将中国传统文化元素融入设计，创烧出了一大批代表当今时代的卓尔不凡的陶瓷作品，成为政府国礼馈赠的代表，以及行业礼品馈赠、百姓消费的时尚品牌，使得钧瓷价值节节攀升。

二、成长叙事：在行业危机中"脱胎换骨"

大宋官窑在最初创业时期，即荣昌钧瓷坊创立初期，和其他钧瓷制作经营者一样，希望通过个人的手艺和能力、价格优势和渠道代理等方式，让瓷坊在竞争中获得发展机会。但随着过度竞争的相互倾轧、伪劣产品层出不穷、大师作品满天飞等行业乱象的不断出现，钧瓷文化与精神传承出现覆没的危机。

公司创始团队意识到这不仅将导致自身企业的随时消亡，而且将致使整个钧瓷行业被陶瓷产业淘汰，最终可能使钧瓷传统文化消弭于世。于是公司创始团队做出果断改变，确立"以钧瓷发掘和发扬中华民族传统优秀文化"的企业使命，扛起钧瓷行业的技艺、文化和价值的行业社会责任，传承钧瓷"去凡求珍，砸瓷立窑"的制瓷精神，用创新的生产经营方式打造钧瓷行业乃至陶瓷产业的"大宋官窑模式"。"人无魂，不能立于世；钧无魂，不能出珍品。"由此，大宋官窑企业文化形成了以窑火凝珍的官窑品质、以创新的精神激扬传承的力量、以品牌价值凝聚顾客的青睐的公司长期成长和竞争领先的核心价值观。

大宋官窑放弃个人小作坊式的家庭产业治理模式，选择吸收志同道合的钧瓷伙伴共同投资，采用符合现代企业制度的股份公司制，通过价值分享、风险共担、团队共赢的治理机制，为公司长远发展打下了坚实基础。公司放弃依托个人技艺和大师名片的个人英雄主义的产品制作与名人市场效应，坚定走工业化、技术化、可复制的团队组织的规模化生产路线。公司放弃依靠单纯降低成本、降低价格、降低品质要求的低水平拼消耗的市场经营路线，坚定地走高投入求珍品、高价值留忠诚、名品牌传价值的高品牌价值溢出的市场经营战略。

从此大宋官窑走上了工艺传承创新、设计创新引领、管理人本高效、营销依托品牌的快速发展之路。大宋官窑精于传承，胜在创新，在把握时代发展脉络的同时，将中国传统文化元素融入设计，创烧出了一大批代表当今时代的卓尔不凡的陶瓷作品。现代化的公司治理与管理，对陶瓷消费市场的提前与精细研判，行业领域高力度的工艺与市场投入，不断的作品与经营手法创新，使公司经历了大众消费市场、陶瓷产业市场的多次危机洗礼，公司从一家小公司成长为钧瓷行业技术、管理、品牌和业绩的领先者与价值贡献者。公司得到了政府、社会与市场的极高赞誉，博鳌亚洲论坛前秘书长龙永图先生称赞"大宋官窑的作品传达了……古老的中国所坚持的那种厚重质朴和与时俱进的精神"。大宋官窑已经成为钧瓷行业的"国家级文化产业示范基地"和行业目前唯一的高新技术企业。

三、成长溯源：大宋官窑公司的价值文化立意

钧瓷，作为具有千年文化渊源的瓷器种类，其制瓷工艺之严格，烧制成品之艰难，窑变色彩之神妙，使其成为瓷器界的瑰宝，在古代长期被列为皇家御用瓷器，民间不得收藏。可见，钧瓷的艺术价值与社会地位堪列各类瓷器之冠。古代钧瓷几乎只在皇家内部流通，存世流传者甚少，能一睹其芳容者寥寥，其价值实属珍贵。正因为如此，钧瓷作为宋代五大瓷种之一，其器物几乎不能为民间甚至官员所持有，更不用谈及成为百姓寻常生活或观赏之用，其器型之美、文化之厚、窑变之奇、赏用之妙无法被大众所真切、广泛感知，这就造成了钧瓷的价值凝珍与感知稀缺、价值稀缺与价值认同之间的矛盾。

随着新中国成立后国家恢复钧瓷古法工艺的推动，特别是改革开放后市场经济对钧瓷产业的推动，钧瓷，无论是作为一种陶瓷艺术品与文化产品，还是作为交易与赏用的商品，日益被大众了解，逐渐"飞入寻常百姓家"，其价值与美感被世人传颂。然而，唯利是图、损人利己、见利忘义等违背道德伦理的商业动机与失范行为，让钧瓷在走入民间时，同时存在"走火入魔"的危险。许多钧瓷作坊和钧瓷商用粗制滥造、以次充好、价格倾轧等方式生产、销售钧瓷，并传播钧瓷文化，欺骗消费者。这种钧瓷生产制作和商业模式，不仅不能反映钧瓷的真实状况和价值文化，而且损害了钧瓷自古具有的崇高社会地位和作为中国传统文化载体的使命责任。

在这种矛盾与现实、文化传承与企业生存盈利的两难之间，大宋官窑如何做出选择？如何回答"现代管理学之父"德鲁克有关企业的事业是什么、应该是什么的问题，不仅关乎企业存在的合理性、企业的生命与宿命，而且关乎钧瓷的文化传承、价值传播与发扬光大。

董事长苗峰伟说："入窑一色，出窑万彩，做企业与制瓷一样，有千万

种可能，但唯有用心，才能感知天地间的道法自然。"秉承这颗初心与匠心，在矛盾与两难之间，大宋官窑团队毫不犹豫确立"以钧瓷发掘和发扬中华民族传统优秀文化"的企业使命，用"一件世代相传"的匠心品质与文化价值，成就自身在钧瓷行业的影响力，确立以团队、品牌与价值共生的力量让钧瓷技艺、文化传播于世的商业经营定位。

由此，大宋官窑确立了自己在钧瓷文化传承与企业发展的文化价值和商业价值方面的立意，要用钧瓷技艺凝珍与厚道文化展现公司的价值和钧瓷的价值，拒绝粗制滥造和价格血拼。

四、成长之纲：治理与团队在传统行业的导入

从中国陶瓷企业特别是艺术陶瓷企业整体经营水平来看，国内大多数陶瓷企业仍然处于家族化、作坊式、经验式管理等前科学管理阶段。在拳头产品设计、制作上过度强调"大师""名匠"的个人名片，也就是说，中国的陶瓷企业更多地采用家族化产权治理架构、家长制组织领导体制和经验性管理方式，而这与西方优秀的陶瓷业所采用的现代法治人产权治理架构、团队型组织领导体制以及科学管理制度是相违背的。企业制度的差距，也是中外陶瓷企业同行竞争力的差距所在。

大宋官窑正是看到了国内陶瓷企业在治理与管理上存在的重大问题，特别是钧瓷行业存在的个体化、分散性、随意性的经营管理现状，基于其立志的使命和成为行业领先企业的目标，果断地从作坊制（前身是"荣昌钧瓷坊"）企业转型为现代公司制，从依赖个人单打独斗转型为通过团队集体创造价值，实现规模化经营和产业化运作。这主要体现在如下三个方面。

第一，确立股份合作的产权治理结构。目前大宋官窑是由26人合作成立的股份制公司，并预留股权增资空间。在明晰产权结构之下，确立董事会下的两权分离与制衡的治理设计，使公司能够按照现代企业制度的基本

逻辑进行集体决策和组织管理，建立了利益共享、风险共担的管理团队。更为重要的是，大宋官窑为企业的（技术）骨干设立股权，这种利益相关者的风险与收益绑定，不仅仅激发了骨干员工的工作热情，更让员工形成整体的凝聚力和战斗力。

第二，确定"精细分工，团队协作，合作共赢"的组织方式。分工合作是许多行业再熟悉不过的基本组织方式，在万物互联时代更是演化成"网络分工，系统协同"的新组织方式。但对钧瓷行业来说，真正落地运行、形成团队型组织的仍然十分稀少，更不要说"精细分工"。大宋官窑体现团队型组织能力，也是其竞争力来源关键所在的便是其在钧瓷设计制作方面的团队型运作。这主要体现在以下三个方面。

其一，所有产品无论是设计人员还是制作人员都不署个人姓名，不论你是大师还是高级技师，都统一使用"大宋官窑"的公司品牌。公司按照个人的价值贡献给予高额货币奖励和股权奖励。

其二，讲究精细分工，责任到位，团队协作。这主要体现在钧瓷产品的生产制作上，大宋官窑把钧瓷生产的每个工序进行更加精细的分工，使每个工序的每个环节都可以做到精益求精，公司还通过技能比赛以竞争的方式更快提高员工的技术水平，在精细分工之上加强各工序之间的相互交流，特别是班组长的交换轮岗，增强团队协作的意识和意愿，打通工序和工艺之间的沟通障碍。

其三，有竞争力的人本管理。大宋官窑建立起了非常顺畅的人才管理制度，其人本管理方式在同行业居于领先地位，这一点主要体现在公司为全体员工提供比同行更高的工资水平和更加有吸引力的奖励制度，激活员工的工作热情和敬业精神；提供比其他公司更加完善和有竞争力的福利制度，比如公司买地盖房为员工提供低价住房；公司管理层与员工经常一起在现场工作、现场沟通、共同研讨，增强公司领导和员工之间的亲切感与信任感。

第三，外部强强联合，价值共生。大宋官窑不仅重视内部团队组织的打造，还十分重视与外部合作伙伴的合作。公司不仅有自己专门的设计和制作团队，还签约许多陶瓷大师，通过联合创作和知识产权转让方式获得高价值的钧瓷作品设计。大宋官窑和中央美术学院、景德镇陶瓷大学、江南大学、许昌学院、郑州工学院及各大钧瓷研究所等机构建立了长期稳定的合作关系。各方人才的汇聚使得大宋官窑作品不断创新，灵感源源不断，工艺不断提升，并能始终保持着行业领导者的地位。

五、成长之能：传承与创新的融合

（一）砸瓷立技以求凝珍

国学大师季羡林先生对于钧瓷发展的期待，给予公司发展战略制定和运行非常大的启示。季羡林先生在听取大宋官窑的钧瓷文化传承历史，鉴赏了公司的钧瓷作品之后，指出"大宋官窑把中国文化中最美好的东西糅合在一起，还要和今天时代发展的主题结合起来，以中华民族最经典的文化使者身份向世界开口讲话"。这就是说大宋官窑的成长与竞争要把钧瓷文化传承与它的价值影响力有效糅合，让作品的价值与公司的价值有机融合，共同以"文化使者身份"向世界、向市场"开口讲话"。由此，大宋官窑确立了贯穿其创业发展与成长领先生命周期的糅合共生战略。这种糅合共生战略通过技术的创新性传承和企业组织治理创新得到贯彻与落地。

"人无魂，不能立于世；钧无魂，不能出珍品。"历史记载，对于北宋年间作为宫廷御用的钧瓷，皇帝每年也只从钧窑中选用36件。每年官员都会到窑区附近对出窑的钧瓷进行甄选，凡是不能入选的瓷器，即使是合格成品也要被砸碎并深埋。由此可见，当年对钧瓷品质要求多么严苛，而钧瓷的"砸瓷"之说即由此而来。

钧瓷在新中国成立后经历复烧恢复工艺，后来又有了煤烧、柴烧、气烧等多种烧制方式，有手工拉胚和注浆成型等多种塑形途径。钧瓷行业经历了计划经济的国营或集体经营，和市场经济的个人作坊与法人企业的充分竞争。这些过程使得钧瓷技艺与制法呈现似是而非、鱼龙混杂的混乱局面，如果按照宋朝的钧瓷品质要求，大多数瓷器都应"砸瓷"，但这些瓷器成品都流入了瓷器市场，这对于钧瓷作品的品质稳定性和钧瓷的文化形象都必然产生极为负面的影响。

同时，如果钧瓷生产制作不能形成稳定的技术和技艺要求，不能让大量人员掌握这些技术和技艺要求，那么，不仅仅会因出现大量钧瓷次品从而无法控制成本，更重要的是钧瓷制作就无法形成规模优势，也难以形成钧瓷产业的范围经济。

因此，大宋官窑要实现企业价值型成长的核心基础，就是要有高效、稳定和可规模复制的"窑火凝珍"的技术与工艺。为了做到这一点，企业在技术标准、制度管理和技术创新这三个方面下足了功夫。

第一，大宋官窑认真研究了钧瓷制作的72道程序，通过反复试验明确了每道程序的技术要点和操作方法，并将其标准化。目前，公司的许多钧瓷生产标准形成了钧瓷行业的国标。

第二，公司通过实施精细分工、操作制度、成品缺陷工序追溯、成品率奖罚制度、砸瓷惯例活动等制度管理，让所有生产员工确立"匠人匠心"的意识和自觉行动。例如，公司给每件作品的底部都打上注浆工及上釉工的编号，工资与产品质量挂钩，出珍品者奖，出次品者罚。

第三，公司不断引入新的设备和技术方法，提升钧瓷制作中不同程序的精品率，提高生产效率。

通过"精、细、严、实、新"，确保生产秩序井然，使各项生产流程、工艺条件始终控制在最佳范围，大宋官窑的钧瓷产品在品质上大大高于同行，在规模和效率上大大超过同行竞争者。大宋官窑成为同行中生产精品、珍品最多的企业，以及同行中被选送国礼最多的企业。

（二）创新让传承更具价值

第一，大宋官窑在钧瓷行业领域的创新首先体现在经营管理模式的创新。我们知道，创新对于陶瓷企业的重要性不亚于其他行业，但在有深厚历史传承的（工艺）陶瓷领域，创新却是充满争议的话题。一般而言，在陶瓷作品的（造型）设计方面的创新争议比较少，甚至是非常被认同的。但如果是在传统工艺或制法领域进行创新特别是突破式创新、在陶瓷经营模式上进行突破式创新，就非常容易遭到同业的批判、讽刺甚至阻碍。例如，在钧瓷工艺陶瓷领域签约名家，打名家名作旗号来获取高额经营收入，是广泛的做法，而如果哪家企业不打名家旗号，还要规模化、批量化生产钧瓷作品，就会被认为远离了艺术，远离了钧瓷制作与经营的本位。

显然，大宋官窑既要实践自己设定的钧瓷文化传承的使命与责任，又要让公司通过规模化生产实现良好业绩。企业要想实现快速成长，就必须创新，而创新必然会充满争议与风险。大宋官窑的管理团队通过研判认为只有通过系统化创新，钧瓷产业才有希望，钧瓷的价值才能得到应有的体现。

在钧瓷行业领域，大宋官窑首先引入比较系统的现代企业制度，实行比较彻底的股份制改造，并推行股权激励。这种在企业制度方面的变革引领了钧瓷行业。

第二，在产品设计和产品结构领域进行了深度创新。公司董事长对于钧瓷产品和技艺创新提出，"模仿前人都不得门径，继承与发展就无从谈起……新时代的钧瓷，就应该有新时代的文化特色"。公司一改钧瓷制作主要仿制古典流行瓷品、产品结构单一、脱离消费者实际需求、缺乏时代感的产品设计与生产现状，在充分调研市场的基础上，借鉴相关行业经验，从国家需求、消费者需求偏好和时尚流行出发，确定了十大钧瓷产品线，让产品既有年代传承的技艺底蕴，充满"入窑一色，出窑万彩"的神奇美感，又有合于时令、消费场景和市场潮流的现代气息。这种产品线的设计思路，让大宋官窑的产品迅速获得了消费者的青睐。

第三，加大对技术和设计的研发投入，组建强大的研发团队。在任何领域，科技创新都是生产力和竞争力。大宋官窑在继承传统、传承"钧魂"的立意下敢于对钧瓷不同生产环境下的生产工艺和生产装备进行大胆创新，投入新的制作装备和测试仪器；组建了强大的研发设计团队，其人员约占员工总数10%左右，研发和技改投入占年产值10%（其中，研发投入达4%），大大超越同行水平，团队不断开发新的工艺技术和新的造型设计并积极申请专利。目前大宋官窑公司成为钧瓷行业内首家国家高新技术企业。

第四，创新钧瓷的品牌推广与市场经营。前已述及，钧瓷虽然曾经是皇家专属御用瓷器，享有"皇封之贵"，但也因为是皇家专属民间少有，其鬼魅神奇的窑变与成器之美为外界少知。外界对钧瓷的认知度非常低，对于钧瓷产品和企业的认知度更低。基于此，大宋官窑对于品牌推广与市场经营进行战略性创新。首先，坚定地走品牌营销战略路线，将大宋官窑定位为钧瓷高端品牌，由此规划产品布局、市场布局和营销推广线路。其次，进行高端会议的品牌推广。大宋官窑对接高端会展，赞助国家级会议和国际会议，树立产品品牌在潜在消费者心中"高大上"的形象。最后，精准布点潜在消费人群和消费渠道。引入互联网云端信息系统，对百度、腾讯等大型流量平台进行战略推广投入，精准布局机场和高铁等高消费人群聚集区域，做到不同渠道、前端市场与后端设计生产、线上线下各种信息实时共享，快速反应。这些做法都引领钧瓷行业风气之先，让大宋官窑的经营业绩和品牌影响力得到快速提升。

六、成长之翼：数字赋能让钧瓷品牌腾飞

大宋官窑在钧瓷行业的钧瓷文化传播和价值创造中，长期坚持和进行战略投入的便是品牌战略营销，这是它在钧瓷行业中坚持的创新性探索。公司不依赖于大师个体的影响力、不依赖于单一产品的价值稀缺性、不依赖于单一传统渠道的销售策略、不走价格血拼品质降低的竞争老路，而是坚定地通过品牌战略价值定位，塑造品牌的认同度和美誉度，用名品、名牌来凝聚用户和扩大品牌的朋友圈，最终通过品牌和与品牌地位相匹配的精准营销来锁定用户，创造价值。

大宋官窑在品牌营销与市场销售的有效结合方面，敢于领工艺陶瓷特别是钧瓷行业之先，大胆探索互联网＋品牌销售的市场推广与销售模式。作为官窑文化的传承者，大宋官窑在极速发展的互联网时代，紧跟时代步伐，通过"互联网＋"发展传播官窑文化，建立了线上线下无缝连接的新零售体系，围绕"微店、天猫、京东"等以互联网化的运作方式，带来更优质的用户体验，其核心做法如下。

第一，做好内容信息投放，精准引流。

大宋官窑与腾讯、百度、阿里巴巴等用户大数据流量公司合作，将钧瓷文化、技艺、作品和活动等投入这三大海量数据平台，吸引用户流量。建立强大数据系统的优秀技术团队，进行数据抓取分析，将账号类型、文章阅读量、用户增长量、用户性别及地域分布等通过画像功能直观展示出来，对传播过程进行预判和合理控制。清晰定位市场，进行品牌化运作；通过精准营销、引流，拓展更多销售渠道，获取更多终端消费人群，实现"产品→渠道→销售"的专业升级。

第二，根据大数据分析，明确市场定位。

通过大数据，公司对品牌受众建立了清晰的人群画像，大宋官窑的客

户群拥有"高学历、高收入、高压力"等特点。公司根据市场分析，规划目标定位，将产品布局细分为十大系列，全方位、有针对性地挖掘消费者需求，推动产品升级，提高成交效率，有效地为客户节省时间，使客户获得更佳的消费体验。

第三，线上线下双向融通，加快产品流通。

大宋官窑坚持官网授权制，始终保持线上线下全国同一价。官网是连接线上线下最有力的桥梁，它就像客服的"身份证"，打造线上微信平台客服的公信力，打消客户对线上交易可靠度的疑虑。消费者线上下单，仓库与门店协调配货，大宋官窑与大型快递物流企业长期合作，收到订单以后，确保快速送达。此外，顾客线下看中某一产品，也可以回到线上下单，使产品快递到家。

这些与传统方式不同的数字营销，在大数据沉淀方面都起到了非常重要的作用，并可以帮助大宋官窑找对消费人群，进行精准营销。技术赋能助力企业在数字化转型过程中，创下业绩新高。

七、专家洞察：大宋官窑共生价值的成长逻辑

通过前述分析，我们了解了钧瓷行业从生产制作到市场经营的演化过程，剖析了大宋官窑在众多钧瓷经营主体中异军突起乃至成长领先的典型价值要素，结合公司实践探讨了这些要素在大宋官窑中的运行效果。

进一步，我们将大宋官窑经营与发展的价值要素与公司实践统合起来，发现大宋官窑的成长领先实践轨迹可以用一条"共生价值"的成长主线进行拟合（见图9-1），或者说公司的创立、快速成长乃至转型发展都是围绕如何传承和发扬钧瓷文化价值与器物价值而展开，而这正是大宋官窑的使命与担当。

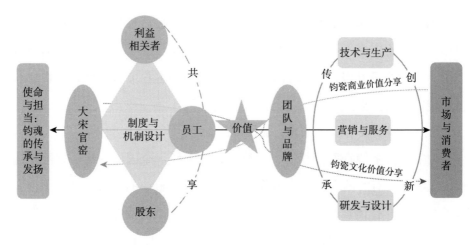

图 9-1　大宋官窑共生价值成长内在逻辑

（一）匠人文化与现代公司治理制度的糅合

公司经营管理团队通过合理的制度设计，凝聚所有认同钧魂和大宋官窑文化的钧瓷志同道合者，以钧瓷的双元价值（文化与商业）为中心，在内部按照现代企业制度规范，确立合理的股权结构和管理团队，对内部关键员工（主要指技术和设计）进行股权激励；在外部建立价值共创分享的利益相关伙伴团队。由此形成大宋官窑内核凝聚和外部活跃的钧瓷文化传承与创新团队。

公司确立以中高端陶瓷消费者为顾客导向，以团队运作和品牌运营为中心来研发、生产、传播和创造钧瓷价值。团队的凝聚、分工、协同与资源共享是钧瓷"入窑一色，出窑万彩"的瓷魂之道，"窑火凝珍"，所凝者非唯土、釉、水、火、气，而是一切"钧瓷人"的精、气、神、意、技、法、行。大宋官窑以其钧瓷文化精神、治理结构设计和激励制度，凝聚了"企业家型"与"钧艺匠师型"人才，为其通过传承与创新达成战略目标和战略成长奠定组织与领导基础。

（二）顾客价值与文化传承的共生创造

公司把所有的战略资源投入两个方向：一件世代相传的作品和一个口碑相传的品牌。从商业模式上来说就是：获得核心能力创造顾客价值，以及赢得市场机会创造品牌价值。无论是就顾客价值还是就品牌价值而言，都必须把如何"创造"作为核心，而创造的核心又是"创新"。一件世代相传的作品对应的是顾客从大宋官窑的作品中获得的"恒久的文化价值"，和公司对钧瓷文化与精神的"时代传承"——创新的传承。因此，公司在把握消费者对钧瓷作品的消费偏好基础上，传承钧瓷"去凡求珍、窑火凝珍"的千年钧魂与技艺，同时又融入现代化的生产方式与文化消费的时代特征。"入窑一色，出窑万彩，做企业与制瓷一样，有千万种可能，但唯有用心，才能感知天地间的道法自然。"秉承这颗初心与匠心，恰是钧瓷的魅力所在。

（三）数字赋能营销成就钧瓷品牌

有了一件传世的作品，还需要能够承载传世作品的"平台"，让它的价值得以呈现、放大和得到消费者的认同与购买。"品牌"就是承载传世作品的平台。大宋官窑成立以来在品牌打造上坚持"长期主义"的战略和敢于创新的企业家精神。这一点从其十多年来长期坚持赞助或支持"国家级"的国际合作会议、弘扬中国传统文化和钧瓷文化的魅力就可见一斑。通过不断进行高级别会议的作品赞助与展示，大宋官窑公司确立了大宋官窑的品牌"生态位"：国礼、钧魂、高端。

通过钧瓷生产与钧瓷文化体验的结合，通过"制作、开窑、鉴宝、砸瓷"等活动，大宋官窑的产品的品质、匠人精神、"去凡求珍"的魄力这些"名牌"特性在消费者心中定格。大宋官窑还大胆地结合数字时代的营销传播的技术特点，成立专门的数字化营销部门，把钧瓷文化传播、品牌推广、需求与生产即时对接，销售导入和售后服务等有机结合起来，大大提高了产品品牌知名度和品牌价值向商业价值的转化效率。这些品牌战略运作，不仅让大宋官窑独树一帜，而且大大增强了公司的经营效率和行业竞争力。

作者简介

乐国林（电子邮箱：guolinyue@126.com），南开大学管理学博士，华南理工大学管理科学与工程博士后，青岛理工大学商学院教授，学校科技处副处长，中国管理模式50人+论坛创始成员，主要从事本土文化与管理思想、企业成长与战略管理研究。

第十章

金发科技模式与未来展望

金发科技——承接上游石化行业和下游汽车、家电、电子等行业的改性塑料行业的龙头。26年时间，金发科技从进口替代到亚太第一，是中国民营企业艰苦创业到高质量发展的代表。

| 专家解读 |

金发科技的长期主义与价值共生

中国管理模式 50 人 + 论坛的专家们认为"长期主义"意为在企业创办之初就志在长远，具备长远哲学，放眼长远，持续成功；"价值共生"则意味着企业需要基于"一切以用户价值为依归"的首要原则，将用户、员工视为企业成长的两条生命线。

通过对金发科技股份有限公司（以下简称金发科技）的调研，我们发现对于什么是长期主义和价值共生，以及两者之间的关系，金发科技有着自己独特的理解与成功的实践。

从对金发科技的调研得到启发，我们认为长期主义和价值共生的关系，是战略与战术、理念与方案的关系。长期主义是价值共生的思想指南，而价值共生则是长期主义的实践方案。没有价值共生的支撑，长期主义将是无源之水、无本之木，最终沦为一句无力的标语和口号。

在此基础上，我们进一步推导得出，秉持长期主义的企业对于价值共生的践行，不仅仅要实现组织间的共生，更要实现组织内的共生。因此，企业要实现组织内外的共赢就必须以价值创造为物质基础，以价值共享为关系保障，否则价值共生就仍停留在一种空间结构上的存在状态——共存。而企业也只有在价值创造和价值共享的基础上达成共存与共赢，才能让长期的"理念"升华为"主义"，从而形成长期主义、延续长期主义。

——马旭飞
中国管理模式50人+论坛联席秘书长、
香港城市大学管理学教授
——张明
华南理工大学工商管理学院博士生

金发科技：与合作伙伴共同成长、共享成果

/ 中国管理模式50人+论坛联席秘书长、香港城市大学管理学教授 马旭飞
/ 华南理工大学工商管理学院博士生 张明

一、金发科技发展概述

1993年11月19日，袁志敏、宋子明、李南京等在广州天河高新技术开发区天河科技东街的一间20余平方米的简陋屋子里成立了金发科技，由此拉开了创业序幕。金发科技的主营业务为化工新材料的研发、生产和销售，主要产品包括改性塑料、完全生物降解塑料、高性能碳纤维及复合材料、特种工程塑料和环保高性能再生塑料等五大类，这些产品广泛应用于汽车、家用电器、现代农业、轨道交通、航空航天、高端装备、新能源、通信、电子电气和建筑装饰等行业。

历经26年的艰苦奋斗，金发科技已是全球化工新材料行业产品种类最为齐全的企业之一，其中在改性塑料板块，金发科技是亚太地区规模最大、产品种类最齐全的改性塑料生产企业。在完全生物降解塑料、特种工程塑料和热塑性复合材料板块，金发科技的研发技术及产品质量已达到国际先进水平，市场占有率快速增长。近年来，公司逐步实现从改性塑料到化工

新材料的升级，从功能材料向结构材料的拓展，产品结构不断向产业高端和高附加值方向延伸。

二、长期主义

（一）长期

每一家企业都希望能够"活得长"，而"活得长"的前提条件是要"活下来"。在现实的商业实践中，支撑企业"活得长"的行业或业务可能完全不同于让其"活下来"的行业或业务。长期主义作为一种战略层面的理念，在多数情况下可能并非在创业之时就确定下来，而是在发展中经历了一个且行且涌现、且行且清晰、且行且坚定的过程。因为在发展过程中可能会遇到挫折而打退堂鼓、另寻他路，也有可能会收获硕果而再接再厉、始终如一。回顾金发科技的发展史，硕果与挫折共存，阳光与风雨均沾。也许正因这种起起浮浮，才让金发科技明白自己的坚持所在和毕生所爱。

1."继续干"

1993年，袁志敏、宋子明、李南京等几位创始人怀着"比以前过得更好"的动机，利用当时可谓巨资的20 000元人民币创立了金发科技。他们起初可能没有想到，金发科技能够从"前店后屋"的小作坊，历经26年发展成为今天的行业龙头。而在成立5年后他们甚至还打算将金发科技以6000万美元的价格卖给美国公司，以及此后还跨界进入房地产等行业实行多元化经营。由此看来，金发科技似乎并非一家从建立伊始就打算"活得长"的企业。然而现实却并非如此，因为"伤得越深，爱得越真"。有时候，走过弯路、受过打击之后，才能彻底地清楚自己适合做什么、擅长做什么，如此才会有坚定的承诺。

在金发科技创立的1993年，改性塑料正处在供不应求的阶段，然而

90%以上的改性塑料是由国外企业提供的，中国企业所占比重少之又少。凭借良好的市场需求，以及处在改革开放前沿阵地的有利地理位置，金发科技一经创立便进入了野蛮式的疯狂增长阶段。截至1998年，金发科技已经积累了四五千万元现金。面对这一巨额资本，几位创始人萌生了"是否还要继续干下去"的疑问，毕竟若是就此收手，每人可以分得1000万元左右的现金，这在当时可谓巨资。此时，一家美国企业打算出价6000万美元收购金发科技。本想着以高价卖出后"可以再搞一个企业，继续与你（美国企业）竞争"，当得知美国企业收购的目的是消灭竞争对手时，几位创始人毅然决定"不卖，继续干下去，因为不是为了一点点钱"。这一决定除了体现几位创始人对改性塑料行业前景的信心，还饱含着试图打破外资垄断局面的决心。此后，金发科技进一步确立了"创世界品牌，建百年金发"的伟大目标。

2."好好干"

在拒绝美国企业的收购之后，金发科技扎根改性塑料领域不断深耕，通过扩充人才队伍、加大技术投入、引进先进设备，实现了快速发展。2004年金发科技于上海证券交易所成功上市，此后企业的发展更加规范化和体系化，向着现代型企业的方向迈进。借助资本市场的优势，并得益于家电、交通、建筑等行业的快速发展以及国家对环保和可持续发展的呼吁，金发科技稳步增长，营业收入连年攀升，产品竞争力也不断增强。凭借着在主业上的优势，上市之后金发科技开始涉足房地产行业，试图寻找新的增长点，实现双轮驱动。然而好景不长，在2008年的金融危机中，无论是改性塑料行业还是房地产行业，均大受影响。改性塑料行业上游原材料价格狂跌，房地产行业市场需求疲软。2010年公司决定顺应宏观经济和宏观政策变化，剥离房地产业务，回笼全部开发资金，转投化工主业。至此，金发科技全身心投入化工新材料领域进行专业化、单核化经营。

经历过金融危机的打击以及由此带来的主营业务归核，金发科技重新调整方向，以二次创业的心态和姿态继续前行：改革管理职能、调整组织架构、完善管理体系。2012年，金发科技确立了"成为业界倍受推崇的、全球最优秀的新材料企业"的企业愿景和"与合作伙伴共同成长、共享成果，为社会提供优质的新材料产品，创造美好生活"的企业使命，聚焦化工新材料核心业务，进一步加强与科研院所的合作，强化技术创新与资源整合，致力于为客户提供最值得信赖、最有价值的产品。2015年，金发科技确立了"强化中间，拓展两头，技术引领，跨越发展"的战略思路，继续围绕化工新材料做强做大。时至今日，这一战略思路仍然在为金发科技指明未来的发展方向，而这个方向正是走向"百年金发"。

由上可知，金发科技对"长期"这个"观念"的认识、认可和践行，并非创业伊始便明确下来，而是在发展过程中慢慢被强化和确定下来的。如果说在"继续干"时期还有些许摇摆不定，那么在"好好干"时期金发科技已经异常坚定。

(二) 主义

何谓主义？主义指的是具有完整体系的思想和信念。主义与观念的一个不同之处在于稳定性，观念的稳定性差，容易被外界事物更新和改变，而主义则不同，相较而言，它更具稳定性和长期性，且具有自成体系的实现路径。当一个人或者一个企业具有长期主义时，其行为信念和思维模式将会是一以贯之地从长处着眼。那么，金发科技确定要"建百年金发"，这究竟只是一个"短暂观念"，还是一种"长期主义"？我们可以从两个维度加以判断，一是资源承诺，二是制度设计。一方面，如果只是一种短暂观念，那么企业就会"光说不练"；而如果是一种长期主义，企业定然会真刀真枪地投入。另一方面，如果是长期主义，企业定然会为实现这一长远目标专门进行制度设计，因为百年大计并非一代人能实现，只有制度才能让一代又一代人为之奋斗；而如果是短暂观念，就不会对制度安排进行大刀阔斧的改革与完善。通过对金发科技的调研，我们发现，金发科技已经在资源承诺和制度设计两个维度上将"建百年金发"从"短暂观念"升级为"长期主义"。

1. 资源承诺

2015年，金发科技确立了"强化中间，拓展两头，技术引领，跨越发展"的战略思路。其中，"强化中间"指的是继续做强做大高分子功能改性塑料；"拓展两头"就是向上下游纵向延伸，对于上游合成材料，大力拓展上游原材料聚丙烯的布局，增加产业协同性，实现上下游产业整合，而对于下游复合材料，则是大力拓展高性能碳纤维复合材料和循环经济材料；"技术引领"则是为"强化中间、拓展两头"提供研发支撑，金发科技已经建立基于全球协同的"13551"研发体系（1个企业中央研究院、3个国际研发中心、5个分技术中心、5个化工新材料孵化基地和1个产学研协同创新中心）；"跨越发展"指的是跨越各领域、各行业、各区域的发展。

仔细分析金发科技的这一战略思路可以发现，"强化中间"始终是核心与重心，"拓展两头""技术引领""跨越发展"均是围绕这一重心与核心并为其服务——"拓展两头"是为了增加产业协同，"技术引领"是为了提供技术支撑，"跨越发展"则是为了融合应用领域。"战略就是做取舍。不要随便出击，要集中优势兵力，一个一个市场去占领，一个一个技术去开发，一个一个客户去攻下，我们的发展就是这么一个过程。"（金发科技副董事长、首席战略官李建军先生语）因此，当企业战略确定下来，企业就应该相信它并为之配备资源，不要因短期的利害而退缩，此时也就具备了长期主义的观念。

对于这一点，金发科技提供了一个鲜活的案例。早在 2003 年，金发科技就已经看到了完全生物降解材料的前景，为此在完全生物降解材料上投入了不少人力、物力和财力。然而，直到 2015 年完全生物降解材料仍未给企业创造利润，这引起了许多投资者的质疑与反对。但是，企业仍然相信当初的判断，并义无反顾地坚持。"到 2016 年、2017 年，特别是在 2018 年的时候，完全生物降解材料就给公司带来了很大的利润。"言及此事，金发科技副总经理宁凯军先生意味深长地说道："所以，在这个产业里面，有很多很多材料，它需要你做很长期的投入。"

2. 制度设计

具备长期主义的企业，除了战略清晰、承诺坚定之外，还会思考如何让企业战略和资源承诺得到有效的贯彻和实施，通常它们不是寄希望于企业家或创始人的个人意志，而是依靠有效的制度安排。因为人无法长存，而制度可以永续。

在调研金发科技时，我们发现了两个新颖且特别的职位。第一个是首席战略官。首席战略官常见于互联网等竞争环境快速迭代的行业，而在相对传统的制造业中则极为罕见。2015 年金发科技设立了首席战略官职位。李建军先生解释道："实际上，首席战略官应该说就是董事会或者董事长的一个战略助理。"不同于企业中的其他职位，如首席运营官（COO）、首席技术官（CTO）、首席营销官（CMO），它们充当着董事长的手和脚，旨在解决问题（获取市场），首席战略官则相当于董事长的脑袋以辅助其发现问题（定位市场）和分析问题。所以，首席战略官的设立能够在一定程度上克服董事长的认知局限，从而有助于进一步提高企业战略的科学性、合理性与可行性。

第二个是集团体系总监。"战略固然重要，但是从战略的制定到战略的落地，最后到战略的调整，这个过程如果没有一套好的流程体系的话，你会发现要实现战略，需要走的路可能会很偏或者很长。所以我们认为，流程是实现战略的最短、最佳路径。"（金发科技集团体系总监赵世俊先生语）目前，金发科技的体系包括四个部分：质量体系、标准化体系、流程体系和项目体系，每一个体系针对不同的方面，助力战略的实施与落地。

这些体系并不只是在集团总部实行，而是要实现全国子公司的统一性和一致性，如此才能为金发科技的"跨越发展"提供保障。同时，这些体系及时地向国际标准看齐，并逐步向金发科技的海外子公司输送，从而实现在海外向金发科技的国际客户提供标准一致的产品和服务。"因为不同的区域，文化特点不一样，要求也不一样。例如，在德国公司，德国员工与中国员工的工作习惯都不一样，甚至他们的很多思维方式也不一样，所以就更需要一套标准的体系，来统一大家的思想。"赵世俊进一步解释道，"所以我们整合的第一步，就是将 ISO 导入各个海外分公司，因为 ISO 本来就是一个国际的标准，那我们先把这一步做起来，然后再谈下一步的统一问题。"例如，2013 年 7 月，金发科技跨国并购印度上市公司 HYDRO，在整合过程中为了避免因并购双方在流程体系的差异而导致摩擦或者冲突，金发科技就首先将国际 ISO 标准引入 HYDRO。

如果说首席战略官是为企业战略制定的有效性服务，那么集团体系总监就是为企业战略实施的效率把关。这样的制度设计在减少浪费、提高效率上具有立竿见影的效果，而更为重要的是，通过制度设计而非个人意志来解决问题，将有利于企业文化和质量标准的永续流传。

三、价值共生

长期主义的形成和持续需要价值共生的培育和呵护。没有价值，企业就没有明天，无法长期经营；没有共生，企业就难以形成主义，无法永续经营。价值共生要求企业不仅要注重价值创造，还要重视价值共享；不仅要关注组织内的共生，还要重视组织间的共生。

（一）价值

1. 价值创造

作为从创新中获益的企业，金发科技视创新为价值创造的源泉与动力。金发人深知，正是因为创新，金发科技才从行业的追随者成长为行业的引领者。目前，金发科技已经建立基于全球协同的"13551"研发体系，希望在"中国制造2025"和"十三五"的政策支持背景下，以改性塑料研发为突破口，着力提高科技创新能力，通过对各个环节进行高质化、绿色化、智能化的技术创新，主动开展技术升级，提高资源利用效率，提升公司的整体竞争力。金发科技副总经理宁凯军先生指出，目前金发科技的研发费用支出稳步增加，已经超过年度营业收入的4%，这样的高研发投入保证了金发科技在产品上的技术领先优势。

2. 价值共享

价值创造可以让企业"活下来"，而价值共享则可以让企业"活得长"。金发科技集团体系总监赵世俊先生的一番话道出了这背后的原因："任何一个企业在经营中，都千万不要把客户当傻瓜，因为你赚了客户太多钱以后，客户总有一天会背离你，他会选择那些合理地赚他钱的供应商为他服务，所以一定要有长期主义的观念。"金发科技注重与员工、客户、供应商、社会的价值共享，正是这种"共享"的理念使金发科技实现了持续快速发展。赵世俊先生这样总结道："所以我们要让利给客户，要和客户价值共享。所以帮客户实现他的价值，或者是帮他省钱，用合理的利润去连接他，这样才是与客户长期合作、走得更远的一种路径。"如今与合作伙伴共享成果这一理念已经写进金发科技的企业使命当中。

(二) 共生

2012年8月,金发科技将企业使命进一步升级为"与合作伙伴共同成长、共享成果,为社会提供优质的新材料产品,创造美好生活"。其中合作伙伴既包括组织内的员工,也包括组织间的客户,而客户是企业的重中之重,是处在第一位的,其次才是员工。李南京先生这样理解其底层逻辑:"因为没有客户,就没有创造价值的机会,机会是客户带来的。"无论是客户,还是员工,他们均是共生的主体。而共生的内涵又是什么,金发科技的实践告诉我们是协同与共赢。

1. 组织间共生

组织间的共生,指的是企业与供应商和客户之间的共生。组织间的"共生"并不局限于组织间在价值链条上的共存,更为重要的是因协同而形成的共赢。金发科技目前主要通过如下两个方面来实现组织间的协同与共赢:一是共同研发,二是消除浪费。

(1) 共同研发

金发科技的经营理念是"订单就是命令,合同就是老大",这一经营理念从金发科技创立伊始便确立下来,从未改变。正是秉承着这一经营理念,金发科技处处为客户着想,想客户之所想,也想客户之未想,以获取客户最大的满意度。而为了能够更好地服务客户,为客户提供个性化和定制化的产品与服务,金发科技的做法是:派金发科技的科研部门的研发人员深入客户的研发部门,与之共同建立联合实验室来开发让客户满意的产品。

(2) 消除浪费

从产业链的角度看,金发科技处在产业链的中间位置,上游是大型石化企业，下游是生产最终产品的制造企业。金发科技的产品主要是具有特定用途和性能的非标准化产品。因此，企业的生产模式主要为"以销定产"方式，即由客户提出产品性能和功能要求，公司根据客户要求组织产品研发、生产、检验并交付。正因如此，上游和下游通过金发科技得以连接，即下游的具体需求需要借助金发科技传递到上游。这意味着什么呢？李南京先生解释道："如果我们不对上下游进行价值链整合的话，客户真正需要什么东西，必须要通过我们传递到供应商那里。如果不把客户不需要的部分过滤掉的话，我们吸取到的原材料成本是降不下去的，所以必须要形成一种生态链的价值共享。"

对于客户而言，不需要的部分没有过滤掉意味着资源浪费和成本增加。对于金发科技而言，这也是一种浪费和低效，因为金发科技同样需要投入更多的不必要的材料，以及没有获得客户最大的满意度。正如集团体系总监赵世俊先生所言："如果不能够以共生共赢的方式去整合上下游的话，我们很多投入会被浪费，投入却被浪费的就是我们的净利润，这些净利润会被盘剥掉，所以要深挖我们的利润的话，就必须在这里努力。"因此，金发科技通过整合上下游的方式消除浪费，不仅可以获得客户的最大满意度，而且能提高自身的利润。

金发科技总经理李南京对合作共赢有着这样的理解："目前，中国企业在管理上可能最需要改变的，特别那些大企业最需要改变的是，不能只考虑自身利益，还必须考虑在整个产业链里面，我活得好时，我的合作伙伴能不能也好一点。我觉得中国企业未来的管理还是要往这条路上走。"

2. 组织内共生

组织内的共生，指的是企业与内部员工之间的共生。在金发科技，有一句"土得不能再土"的自家口号是所有金发人耳熟能详的，那就是"吨位决定地位"。金发科技总经理李南京将"吨位决定地位"理解为："在金发科技，你越有本事，你的价值就越高，所以金发科技的价值观就是以创造的价值为导向，你创造的越多，你就越有地位。"

事实上，金发科技在 2017 年已经将企业的价值观从"以人为本"升级为"以价值创造为本"。升级后的价值观更聚焦，更加突显对价值创造者的重视。李南京先生认为，能够创造价值的人定是有能力有本事之人。而实际上，人才问题也是目前类似金发科技这样的科技型龙头企业所遇到的难题和挑战。因为作为行业中的龙头企业，金发科技的人才经常成为行业竞争对手的挖角对象。面对这种情况，金发科技除了完善激励方案、加大激励强度之外，更重要的是设身处地地、有针对性地为员工提供良好的成长和发展平台，"要让员工觉得留在金发是有机会的"（李南京语）。

四、专家洞察：金发科技的宏大愿景与经营理念

金发科技经历过四次战略转型，完成了从 1993 年创立初期的 2 万元资本到 2018 年销售额达 200 亿元的蜕变，成长为亚太第一、全球领先的新材料企业，并且一直在践行着"长期主义，价值共生"。

在长期主义方面，创始团队具有长远目光，认为"做到行业前三名才能持续发展"，并在 1998 年初股东会上，决定放弃美国公司 6000 万美元的诱人收购要约，提出"发展自己的民族改性塑料产业"，并确立"创世界品牌，建百年金发"的宏大愿景。

在 1998～2003 年快速发展期，金发科技大力引进人才，于 2004 年上市，规范了"成为业界倍受推崇的、全球最优秀的新材料企业"的企业愿景。经历 2000～2013 年的战略调整和 2013～2018 年的管理改善之后，金发科技进入追求可持续发展的高质量发展期。

在价值共生方面，金发科技坚持"与合作伙伴共同成长、共享成果，

为社会提供优质的新材料产品，创造美好生活"的企业使命；发展从"吨位决定地位"到"以价值创造为本"的核心价值观和评价体系，秉承"订单就是命令，合同就是老大"的经营理念；注重内外部的协同效应。

作者简介

马旭飞（电子邮箱：maxufei@gmail.com），香港城市大学管理学教授，新加坡国立大学战略管理博士，中国管理模式50人+论坛联席秘书长。曾获AIB最有前途学者奖、邓宁学者以及国际企业管理顶尖期刊JIBS银质杰出贡献奖章。

张　明（电子邮箱：1152627342@qq.com），华南理工大学博士（硕博连读），先后就读于湖南人文科技学院和华南理工大学。研究方向为中国企业的国际化战略，目前已录用或已发表的中文学术论文近10篇。曾获"中国·实践·管理"论坛（2018）优秀论文奖，参与多项国家自然科学基金和教育部人文社会科学基金项目。

中国管理模式杰出奖

2008年，在全国人大常委会原副委员长成思危先生的指导下，中国管理现代化研究会与金蝶国际软件集团有限公司联合中欧国际工商学院、北京大学光华管理学院等6大管理学院，发起中国管理模式杰出奖（Chinese Management Model Research，CMMR）遴选活动，旨在发现并表彰优秀的中国企业管理实践。

从2008年至今，CMMR已经调研超过20个行业，深入研究包括海尔、新希望、万科、腾讯、云南白药等在内的超过120家知名企业，深度访谈超过1500位企业高层，编写超过150万字的案例研究报告，形成了风格鲜明的实地调研方法及流程，传播杰出的管理理念，推广可借鉴的管理模式与案例。CMMR经过10多年的发展积淀，已成为中国管理界最具影响力的奖项之一。

中国管理模式 50 人 + 论坛

中国管理模式 50 人 + 论坛（简称 C50+ 论坛）是在总结中国管理模式杰出奖 10 年经验的基础上成立的。2017 年，首届 C50+ 论坛成功召开，论坛由致力于研究中国管理模式的管理学者和有一定影响力的企业家共同发起，以"让中国管理模式在全球崛起"为使命，以"知行合一"为核心理念，致力于促进理论与实践的对话、交流与合作，推动中国企业管理进步。

2019 年，C50+ 专家团队通过实地调研和与高管们的交流讨论，总结出这些企业得以在长期发展中脱颖而出的管理要素，将这些成功的经验系统化和理论化，总结发布《2019 中国管理模式 50 人 + 洞察报告》，向社会分享研究成果。

致　　谢

编委会在此首先要感谢中国管理模式50人+论坛的专家们对本书的支持。从齐聚杭州进行主题发表，到奔赴13个城市进行现场调研，再到完成本书的各章写作，可以说本书集合了专家们的智慧。其中特别感谢，第一章的作者任兵、于敬如、张海源、王泽宇；第二章的作者朱武祥、谭智佳；第三、九章的作者乐国林；第四章的作者朱武祥、朱婧雯；第五章的作者魏炜；第六章的作者马旭飞、林泽鑫；第七章的作者谢志华、许诺；第八章的作者李平、杨政银；第十章的作者马旭飞、张明。

其次，对于2019年度中国管理模式杰出奖的获奖企业以及相关高管在百忙中接受专家们的访谈与调研，编委会亦表示感谢。

它们是方太集团、新希望集团有限公司、长城物业集团股份有限公司、德龙钢铁有限公司、安踏体育用品集团有限公司、晶澳科技有限公司、中国飞鹤有限公司、宁波均胜电子股份有限公司、大宋官窑股份有限公司、金发科技股份有限公司（排名不分先后）。

最后，编委会要感谢金蝶集团对本书出版的支持，特别是金蝶集团董事会主席徐少春先生十多年如一日对中国管理模式杰出奖的全力支持。同时感谢康恩贝集团、上海新通联包装股份有限公司、长城物业集团等对第12届中国管理模式杰出奖颁奖盛典的大力支持。

祝愿中国管理模式在全球崛起！

《长期主义　价值共生：解码中国管理模式2019》编委会